〔働き方検定〕
働き方マスター試験
実戦問題集

・本試験中で略記した法令名は下記の通り。

育児介護休業法（育児休業、介護休業等育児又は家族介護を行う労働者の福祉に関する法律）

外国人技能実習法（外国人の技能実習の適正な実施及び技能実習生の保護に関する法律）

高年齢者雇用安定法（高年齢者等の雇用の安定等に関する法律）

女性活躍推進法（女性の職業生活における活躍の推進に関する法律）

男女雇用機会均等法（雇用の分野における男女の均等な機会及び待遇の確保等に関する法律）

パートタイム労働法（短時間労働者の雇用管理の改善等に関する法律）

労働者派遣法（労働者派遣事業の適正な運営の確保及び派遣労働者の保護等に関する法律）

若者雇用促進法（青少年の雇用の促進等に関する法律）

整備法（働き方改革を推進するための関係法律の整備に関する法律）

問題1．我が国の経済社会の現状に関する以下のアからエまでの記述のうち、最も<u>適切ではない</u>ものを1つ選びなさい。

ア．2017年平均の完全失業率は2.8％で、全ての地域で低下となった。

イ．労働力人口は、5年連続で減少しており、2017年平均で6,720万人となっている。

ウ．平成29年度平均の有効求人倍率は1.54倍と、前年度に比べて上昇したのに対し、求職者は4％減となった。

エ．労働参加率は、生産年齢人口に占める労働力人口の割合であるが、近年我が国では、労働参加率は上昇傾向にあり、女性の労働参加率の伸びが大きい。

解説　経済社会の現状

ア　正しい。2017年平均の完全失業率は2.8%で、全ての地域で低下となった。地域別完全失業率は、沖縄が3.8%と最も高く、次いで北海道が3.3%、四国及び九州が3.1%などとなった。一方、東海が2.4%と最も低く、次いで北関東・甲信、北陸及び中国が2.5%などとなった。従って、本記述は正しい。

イ　誤り。労働力人口（15歳以上人口のうち、就業者と完全失業者を合わせた人口）は、2017年平均で6,720万人と、<u>前年に比べ47万人の増加（5年連続の増加）</u>となった。男女別にみると、男性は3,784万人と3万人の増加、女性は2,937万人と45万人の増加となった。従って、本記述は誤っている。

ウ　正しい。平成29年度平均の有効求人倍率は1.54倍となり、前年度の1.39倍を0.15ポイント上回った。また、平成29年度平均の有効求人は前年度に比べ6.1％増となり、有効求職者は4.0％減となった。従って、本記述は正しい。

エ　正しい。「労働参加率」は、生産年齢人口に占める労働力人口の割合であるが、我が国では、労働参加率は男女計で77.6%（前年比0.8ポイント増加）で上昇傾向にあり、女性の労働参加率は、69.4%（前年比1.3ポイント増加）になっており、伸びが大きい。従って、本記述は正しい。

解答　イ

問題２．「経済財政運営と改革の基本方針2018」における日本経済の潜在成長率の引上げに関する次の文章中の（　）に入る<u>適切な語句の組合せ</u>を、以下のアからエまでのうち1つ選びなさい。

　　少子高齢化の進行、人手不足の高まりの中で、潜在成長率を引き上げ、経済成長の壁を打ち破っていくためには、サプライサイドを抜本強化するための改革が何よりも重要である。労働力の面においては、女性が子育てをしながら働ける環境や高齢者が意欲をもって働ける環境を整備することにより、更なる労働参加の促進を図り、これを所得の向上、消費の拡大につなげるとともに、（　a　）における外国人材の受入れを進める。

　　加えて、一人ひとりが生み出す付加価値を引き上げていく観点から、AI、センサー、IoT、ロボットといった（　b　）産業革命による技術革新について中小企業を含む広範な生産現場への浸透を図るなど企業の前向きな設備投資を引き出す取組が必要である。

　　あわせて、2020年東京オリンピック・パラリンピック競技大会前後の需要変動を乗り越え、（　c　）を継続的に拡大させ、成長力あふれるアジアの中間層を取り込むなど、中長期的に持続的な成長基盤を構築していく観点から、「Society 5.0」の社会実装を含む波及効果の大きい投資プロジェクトを計画的に実施していくことが重要である。

ア．a．専門的・技術的分野　　b．第4次　　c．インバウンド
イ．a．専門的・技術的分野　　b．第3次　　c．貿易黒字
ウ．a．建設分野　　　　　　　b．第4次　　c．貿易黒字
エ．a．建設分野　　　　　　　b．第3次　　c．インバウンド

解説　日本経済の潜在成長率の引上げ

潜在成長率の引上げについて

　少子高齢化の進行、人手不足の高まりの中で、潜在成長率を引き上げ、経済成長の壁を打ち破っていくためには、サプライサイドを抜本強化するための改革が何よりも重要である。労働力の面においては、女性が子育てをしながら働ける環境や高齢者が意欲をもって働ける環境を整備することにより、更なる労働参加の促進を図り、これを所得の向上、消費の拡大につなげるとともに、（a．専門的・技術的分野）における外国人材の受入れを進める。

　加えて、一人ひとりが生み出す付加価値を引き上げていく観点から、AI、センサー、IoT、ロボットといった（b．第4次）産業革命による技術革新について中小企業を含む広範な生産現場への浸透を図るなど企業の前向きな設備投資を引き出す取組が必要である。

　あわせて、2020年東京オリンピック・パラリンピック競技大会前後の需要変動を乗り越え、（c．インバウンド）を継続的に拡大させ、成長力あふれるアジアの中間層を取り込むなど、中長期的に持続的な成長基盤を構築していく観点から、「Society 5.0」の社会実装を含む波及効果の大きい投資プロジェクトを計画的に実施していくことが重要である。「経済財政運営と改革の基本方針2018」

※潜在成長率は、景気循環の影響を除いた経済成長率のことをいい、国や地域が中長期的にどれだけの経済成長を達成できるかを表す指標（成長の巡航速度）で、生産活動に必要な全要素を使った場合に、GDP（国内総生産）を生み出すのに必要な供給能力を毎年どれだけ増やせるかを示す指標となっている（経済全体の供給力から算出）。

※サプライサイド：供給側

解答　ア

問題３．一億総活躍社会に関する【問題文Ａ】から【問題文Ｃ】について、以下のアからエまでのうち正しいものを１つ選びなさい。

【問題文Ａ】厚生労働白書によれば、一億総活躍社会の実現に向けた最大のチャレンジは働き方改革であり、多様で柔軟な働き方が可能となるよう、社会の発想や制度を大きく転換しなければならない。

【問題文Ｂ】厚生労働白書によれば、一億総活躍社会を創っていくため、政府は「戦後最大の名目GDP1,000兆円」、「希望出生率1.8」、「介護離職ゼロ」という目標を掲げている。

【問題文Ｃ】厚生労働白書によれば、一億総活躍社会は、女性も男性も、お年寄りも若者も、一度失敗を経験した方も、障害や難病のある方も、家庭で、職場で、地域で、あらゆる場で、誰もが活躍できる、いわば全員参加型の社会である。

ア．Aのみ誤っている。
イ．Bのみ誤っている。
ウ．Cのみ誤っている。
エ．すべて正しい。

解説　一億総活躍社会

A　正しい。一億総活躍社会の実現に向けた最大のチャレンジは働き方改革である。多様で柔軟な働き方が可能となるよう、社会の発想や制度を大きく転換しなければならない。従って、本記述は正しい。

B　誤り。「戦後最大の名目GDP1,000兆円」が誤り。少子高齢化の流れに歯止めをかけ、誰もが活躍できる一億総活躍社会を創っていくため、「戦後最大の名目GDP**600兆円**」、「希望出生率1.8」、「介護離職ゼロ」という目標を掲げている。従って、本記述は誤っている。

C　正しい。一億総活躍社会は、女性も男性も、お年寄りも若者も、一度失敗を経験した方も、障害や難病のある方も、家庭で、職場で、地域で、あらゆる場で、誰もが活躍できる、いわば全員参加型の社会である。従って、本記述は正しい。

以上により、問題文ACは正しいが、Bは誤っている。従って、正解は肢イとなる。

解答　イ

問題4．少子社会の現状に関する次の文章中の（　　）に入る<u>適切な</u>語句の組合せを、以下のアからエまでのうち1つ選びなさい。

　平成元年は、丙午（ひのえうま）の年ではないにもかかわらず、合計特殊出生率が（　a　）になったことを契機に、少子化の認識が一般化し、各種の取り組みが始められるようになった年である。しかしながら、各般の取り組みを進めても出生率は下げ止まらず、平成17年の合計特殊出生率は（　b　）と過去最低を更新し、夫婦の出生力の低下という少子化社会における新たな課題も発見された。
　このような少子化の流れを変えるためには、もう一段の対策を進めることが必要であり、次代の社会を担う子どもが健やかに生まれ、育成される環境を整備するため、平成15年に次世代育成支援対策推進法が制定された。
　合計特殊出生率は、平成17年を境に上昇傾向にあり、平成29年には（　c　）となった。

ア．a．1.75　　　b．1.36　　　c．1.43
イ．a．1.75　　　b．1.26　　　c．1.65
ウ．a．1.57　　　b．1.36　　　c．1.65
エ．a．1.57　　　b．1.26　　　c．1.43

| 解説 | 少子社会の現状 |

　平成元年は、丙午（ひのえうま）の年ではないにもかかわらず、合計特殊出生率が（ a ． 1.57 ）になったことを契機に、少子化の認識が一般化し、各種の取り組みが始められるようになった年である。しかしながら、各般の取り組みを進めても出生率は下げ止まらず、平成17年の合計特殊出生率が（ b ． 1.26 ）と過去最低を更新し、夫婦の出生力の低下という少子化社会における新たな課題も発見された。
　このような少子化の流れを変えるためには、もう一段の対策を進めることが必要であり、次代の社会を担う子どもが健やかに生まれ、育成される環境を整備するため、平成15年に次世代育成支援対策推進法が制定された。
　合計特殊出生率は、平成17年を境に上昇傾向にあり、平成29年には（ c ． 1.43 ）となった。

| 解答 | エ |

問題５．次の表は、「仕事と生活の調和推進のための行動指針」における、政策によって一定の影響を及ぼすことのできる項目について、取組みが進んだ場合に達成される水準として数値目標を設定したものの一部を表している。表中の（　）に入る適切な数値の組合せを、以下のアからエまでのうち１つ選びなさい。

数値目標設定指標	現状	目標値（2020年）
週労働時間60時間以上の雇用者の割合	7.7%（2017年）	（ a ）%
男性の育児休業取得率	（ b ）%（2017年）	13%
年次有給休暇取得率	49.4%（2016年）	（ c ）%

ア．a．6　　b．3.16　　c．70
イ．a．6　　b．5.14　　c．90
ウ．a．5　　b．3.16　　c．90
エ．a．5　　b．5.14　　c．70

解説 仕事と生活の調和推進のための行動指針

数値目標設定指標	現状	目標値（2020年）
週労働時間60時間以上の雇用者の割合	7.7%（2017年）	(a. 5) %
男性の育児休業取得率	(b. 5.14) %（2017年）	13%
年次有給休暇取得率	49.4%（2016年）	(c. 70) %

解答 エ

問題６．ダイバーシティ経営に関する次の文章中の（　）に入る<u>適切な</u>語句の組合せを、以下のアからエまでのうち１つ選びなさい。

> 「ダイバーシティ経営」は、多様な属性の違いを活かし、個々の人材の能力を最大限引き出すことにより、（　a　）を生み出し続ける企業を目指して、全社的かつ継続的に進めていく経営上の取組みである。海外投資家を中心に、ダイバーシティによるイノベーションの創出や、（　b　）の向上に対する効果に注目が集まっている。また、優秀な人材獲得のためにも、従来の均質的な（　c　）を変革する柱として、ダイバーシティ経営の実践が求められている。

ア．a．創造価値　　　b．生産性の　　　　　　c．人材戦略
イ．a．創造価値　　　b．取締役会の監督機能　c．競争戦略
ウ．a．付加価値　　　b．生産性の　　　　　　c．競争戦略
エ．a．付加価値　　　b．取締役会の監督機能　c．人材戦略

解説　ダイバーシティ経営

> 「ダイバーシティ経営」は、多様な属性の違いを活かし、個々の人材の能力を最大限引き出すことにより、(**a．付加価値**) を生み出し続ける企業を目指して、全社的かつ継続的に進めていく経営上の取組みである。海外投資家を中心に、ダイバーシティによるイノベーションの創出や、(**b．取締役会の監督機能**) 向上に対する効果に注目が集まっている。また、優秀な人材獲得のためにも、従来の均質的な(**c．人材戦略**)を変革する柱として、ダイバーシティ経営の実践が求められている。（経済産業省『ダイバーシティ 2.0 検討会報告書～競争戦略としてのダイバーシティの実践に向けて～』）

正解　エ

問題7．次の図は、企業に対するダイバーシティ経営に関する調査において、回答率が高かった項目を順に5つ並べたものである。図中の（　）に入る適切な語句の組合せを、以下のアからエまでのうち1つ選びなさい。

ア．a．優秀な人材獲得　　　b．資金調達力の向上
イ．a．労働生産性の向上　　b．社会貢献、地域貢献の強化
ウ．a．優秀な人材獲得　　　b．人材の能力開発
エ．a．女性管理職の増大　　b．労働生産性の向上

|解説| ダイバーシティ経営

> 企業側が、ダイバーシティ経営で解決できると思う課題では、「優秀な人材獲得」(25.7％)が最も高く、ついで「人材の確保」(22.8％)が高い。また、「人材の能力開発」は 19.4％、「変化に対する対応力の向上」は 15.5％、「社員のモチベーション向上」は 15.5％となっている。一方、「社会貢献、地域貢献の強化」(4.4％)や「資金調達力の向上」(3.4％)は低い。
> その他では「労働生産性の向上」(14.1％)、「女性管理職の増大」(13.6％)となっている。

解答　ウ

問題８．次の図は、企業が働き方改革に取り組む目的に関する調査において、回答率が高かった項目を順に５つ並べたものである。図中の（　）に入る適切な語句の組合せを、以下のアからエまでのうち１つ選びなさい。

ア．a．社員のワーク・ライフ・バランスの実現
　　b．育児、配偶者転勤等による退職の防止
イ．a．社員のワーク・ライフ・バランスの実現
　　b．人手の確保
ウ．a．人手の確保
　　b．育児、配偶者転勤等による退職の防止
エ．a．人手の確保
　　b．社員のワーク・ライフ・バランスの実現

| 解説 | 企業が働き方改革に取り組む目的に関する調査 |

調査項目	回答率
人手の確保	47.9%
労働生産性の向上	43.8%
業務に対するモチベーション向上	36.3%
社員のワーク・ライフ・バランスの実現	26.8%
中核人材・専門人材の確保・定着	22.7%
育児、配偶者転勤等による退職の防止	17.1%

解答　エ

問題9．次の図は、国内企業に対して行ったアンケートにおいて働き方改革として取り組んでいる施策を回答率が高かった項目を順に5つ並べたものである。図中の（　）に入る<u>適切な</u>語句の組合せを、以下のアからエまでのうち1つ選びなさい。

ア．a．長時間労働の是正　　b．時短制度の導入
イ．a．長時間労働の是正　　b．在宅勤務制度の導入
ウ．a．時短制度の導入　　　b．長時間労働の是正
エ．a．時短制度の導入　　　b．在宅勤務制度の導入

| 解説 | 働き方改革として取り組んでいる施策 |

働き方改革として取り組んでいる施策では「長時間労働の是正」が38.3%で最も多く、次いで「柔軟な労働時間制度導入」(30.1%)、「仕事の見える化、情報共有の仕組み作り」(28.5%)、「育児・介護休暇制度の導入」(28.3%)、「時短制度の導入」(19.5%)、「多様な働き方に対応した評価制度導入」(18.8%)、「在宅勤務制度の導入」(3.7%)であった。

解答　ア

問題 10.「働き方改革推進支援センター」に関する以下のアからエまでの記述のうち、最も<u>適切ではない</u>ものを1つ選びなさい。

ア.「働き方改革推進支援センター」は、働き方改革に関連する様々な相談に総合的に対応し、支援することを目的として、全国47都道府県に設置されている。

イ.「働き方改革推進支援センター」では、各センターに配置している、社会保険労務士などの専門家が、無料で事業主からの労務管理上の悩みを聞き、就業規則の作成方法、賃金規定の見直しや労働関係助成金の活用などを含めたアドバイスを行っている。

ウ.「働き方改革推進支援センター」は、①長時間労働の是正、②同一労働同一賃金等非正規雇用労働者の待遇改善、③生産性向上による賃金引上げ、④人手不足の解消に向けた雇用管理改善の取組をワンストップで支援している。

エ.「働き方改革推進支援センター」は、労務管理・企業経営等の専門家が企業への個別訪問によりコンサルティングを実施する支援センターではなく、電話・メール、来所による相談を受ける相談センターである。

| 解説 | 働き方改革推進支援センター |

ア　正しい。「働き方改革推進支援センター」は、働き方改革に関連する様々な相談に総合的に対応し、支援することを目的として、全国47都道府県に設置されている。従って、本記述は正しい。

イ　正しい。「働き方改革推進支援センター」では、各センターに配置している、社会保険労務士などの専門家が、無料で事業主からの労務管理上の悩みを聞き、就業規則の作成方法、賃金規定の見直しや労働関係助成金の活用などを含めたアドバイスを行っている。従って、本記述は正しい。

ウ　正しい。「働き方改革推進支援センター」は、①長時間労働の是正、②同一労働同一賃金等非正規雇用労働者の待遇改善、③生産性向上による賃金引上げ、④人手不足の解消に向けた雇用管理改善の取組をワンストップで支援している。従って、本記述は正しい。

エ　誤り。「働き方改革推進支援センター」は、電話・メール、来所による相談を受けるほか、企業側の希望に応じて、労務管理・企業経営等の専門家の**企業への個別訪問によるコンサルティングも実施している**。従って、本記述は誤っている。

| | 解答　エ |

問題 11. 次の図は、諸外国のフルタイム労働者の賃金を 100 とした場合のパートタイム労働者の賃金水準を表したものである。図中の（　）に入る適切な国名の組合せを、以下のアからエまでのうち１つ選びなさい。

ア．a．ドイツ　　　b．日本　　　c．フランス
イ．a．ドイツ　　　b．フランス　c．日本
ウ．a．フランス　　b．ドイツ　　c．日本
エ．a．フランス　　b．日本　　　c．ドイツ

解説　パートタイム賃金のフルタイム賃金に対する比率の国際比較

フランス（2014年）	ドイツ（2014年）	イギリス（2017年）	イタリア（2014年）	日本（2017年）
86.6	72.1	71.8	66.4	59.4

解答　ウ

問題12. 次の図は、パートタイム労働者に対する各種手当等の実施・支給状況を表している。図中の（　）に入る<u>適切な</u>語句の組合せを、以下のアからエまでのうち1つ選びなさい。

ア．a．退職金　　　b．通勤手当　　c．賞与
イ．a．退職金　　　b．賞与　　　　c．通勤手当
ウ．a．賞与　　　　b．通勤手当　　c．退職金
エ．a．賞与　　　　b．退職金　　　c．通勤手当

解説　各種手当等の実施・支給状況

　正社員とパートの両方を雇用している事業所のうち、手当等、各種制度の実施及び福利厚生施設の利用状況（複数回答）は、パートでは「通勤手当」が 76.4％と最も高い割合となっており、次いで「更衣室の利用」58.4％、「休憩室の利用」56.9％の順となっている。正社員との比較でみると、「給食施設（食堂）の利用」、「休憩室の利用」、「更衣室の利用」などの福利厚生施設の利用については正社員の実施状況との差は小さいが、「役職手当」、「退職金」、「賞与」などでは正社員との差が大きくなっている。

解答　ウ

問題 13.「同一労働同一賃金」に関する次の文章中の（　　）に入る<u>適切な</u>語句の組合せを、以下のアからエまでのうち１つ選びなさい。

　「同一労働同一賃金」とは、一般に、同じ労働に対して同じ賃金を支払うべきという考え方である。具体的には、同一企業・団体における正規雇用労働者と非正規雇用労働者との間で、（　a　）と（　b　）を求める考え方である。
　（a）とは、（　c　）と、人材活用の仕組みが、正規雇用労働者と非正規雇用労働者の間で同一である場合には、非正規雇用労働者の待遇に対して差別的取扱いをしてはならないとすることである。
　一方、（b）とは、正規雇用労働者と非正規雇用労働者との間の待遇に相違がある場合に、待遇の相違は、（c）、人材活用の仕組み、運用その他の事情の３要素を考慮して、不合理があってはならないとすることである。

ア．a．均衡待遇　　b．均等待遇　　c．職務内容
イ．a．均衡待遇　　b．均等待遇　　c．勤続年数
ウ．a．均等待遇　　b．均衡待遇　　c．勤続年数
エ．a．均等待遇　　b．均衡待遇　　c．職務内容

| 解説　均等待遇と均衡待遇 |

> 「同一労働同一賃金」とは、一般に、同じ労働に対して同じ賃金を支払うべきという考え方である。具体的には、同一企業・団体における正規雇用労働者と非正規雇用労働者との間で、（**a．均等待遇**）と（**b．均衡待遇**）を求める考え方である。
>
> **均等待遇**とは、①（**c．職務内容**）と、②人材活用の仕組みが、正規雇用労働者と非正規雇用労働者の間で同一である場合には、非正規雇用労働者の待遇に対して差別的取扱いをしてはならないとすることである。
>
> 一方、**均衡待遇**とは、正規雇用労働者と非正規雇用労働者との間の待遇に相違がある場合に、待遇の相違は、①**職務内容**、②人材活用の仕組み、③運用その他の事情の3要素を考慮して、不合理があってはならないとすることである。

※「同一労働同一賃金」関連法律の施行日
①改正労働者派遣法　　　（2020年4月1日）
②改正労働契約法　大企業　（2020年4月1日）
　　　〃　　　　　中小企業（2021年4月1日）
③短時間労働者及び有期雇用労働者の雇用管理の改善等に関する法律
（現行パートタイム労働法）
　大企業　（2020年4月1日）
　中小企業　（2021年4月1日）

| 解答　エ |

問題 14. 同一労働同一賃金ガイドライン案で述べられている内容について【問題文Ａ】および【問題文Ｂ】に示された、問題となる例と問題とならない例の組合せとして<u>適切な</u>ものを、以下のアからエまでのうち１つ選びなさい。

【問題文Ａ】基本給について労働者の勤続年数に応じて支給しているＸ社において、有期雇用労働者であるＹに対し、勤続年数について当初の雇用契約開始時から通算せず、その時点の雇用契約の期間のみの評価により支給している。

【問題文Ｂ】基本給の一部について労働者の業績・成果に応じて支給しているＡ社において、フルタイム労働者の半分の勤務時間のパートタイム労働者であるＸに対し、無期雇用フルタイム労働者に設定されている販売目標の半分の数値に達した場合には、無期雇用フルタイム労働者が販売目標を達成した場合の半分を支給している。

ア．Ａ＝問題となる例　　　　Ｂ＝問題とならない例
イ．Ａ＝問題となる例　　　　Ｂ＝問題となる例
ウ．Ａ＝問題とならない例　　Ｂ＝問題となる例
エ．Ａ＝問題とならない例　　Ｂ＝問題とならない例

| 解説　問題となる例と問題とならない例 |

A　問題となる例。　X社が基本給について労働者の勤続年数に応じて支給しているにもかかわらず、有期雇用労働者に対し、勤続年数に応じた評価ではなく、<u>その時点の雇用契約の期間のみの評価により支給していることが問題となる</u>。従って、本記述は問題となる例である。基本給について、労働者の勤続年数に応じて支給しようとする場合、無期雇用フルタイム労働者と同一の勤続年数である有期雇用労働者又はパートタイム労働者には、勤続年数に応じた部分につき、同一の支給をしなければならない。また、勤続年数に一定の違いがある場合においては、その相違に応じた支給をしなければならない。

B　問題とならない例。基本給について、労働者の業績・成果に応じて支給しようとする場合、無期雇用フルタイム労働者と同一の業績・成果を出している有期雇用労働者又はパートタイム労働者には、業績・成果に応じた部分につき、同一の支給をしなければならない。また、業績・成果に一定の違いがある場合においては、その相違に応じた支給をしなければならない。従って、本記述は問題とならない例である。

以上により、問題文Aは問題となる例だが、Bは問題とならない例である。従って、正解は肢アとなる。

※短時間労働者及び有期雇用労働者の雇用管理の改善等に関する法律（現行パートタイム労働法）施行予定日
　大企業　　（2020年4月1日）
　中小企業　（2021年4月1日）

| 解答　ア |

問題 15. 3年有期労働契約を締結している労働者が1回目の契約更新をして、通算労働契約期間が5年を超えるようになった場合、無期転換申込権が発生する。無期転換申込権の発生から消滅までの期間として、次の図中のアからエまでのうち、最も適切な期間を1つ選びなさい。

| 解説　期間の定めのない労働契約への転換 |

> 「同一の使用者との間で締結された二以上の有期労働契約（契約期間の始期の到来前のものを除く。以下この条において同じ）の契約期間を通算した期間（次項において「通算契約期間」という）が5年を超える労働者が、当該使用者に対し、現に締結している有期労働契約の契約期間が満了する日までの間に、当該満了する日の翌日から労務が提供される期間の定めのない労働契約の締結の申込みをしたときは、使用者は当該申込みを承諾したものとみなす。この場合において、当該申込みに係る期間の定めのない労働契約の内容である労働条件は、現に締結している有期労働契約の内容である労働条件（契約期間を除く）と同一の労働条件（当該労働条件（契約期間を除く）について別段の定めがある部分を除く）とする」（労働契約法18条1項）。

解答　ア

問題 16. 有期契約労働者の労働契約に関する以下のアからエまでの記述のうち、最も適切ではないものを1つ選びなさい。

ア．使用者は、有期労働契約について、その有期労働契約により労働者を使用する目的に照らして、必要以上に短い期間を定めることにより、その有期労働契約を反復して更新することのないよう配慮しなければならない。

イ．有期労働契約を締結している労働者の労働契約の内容である労働条件が、期間の定めがあることにより同一の使用者と期間の定めのない労働契約を締結している労働者の労働契約の内容である労働条件と相違する場合においては、当該労働条件の相違は、労働者の業務の内容及び当該業務に伴う責任の程度、当該職務の内容及び配置の変更の範囲その他の事情を考慮して、不合理と認められるものであってはならない。

ウ．期間の定めがあることによる有期労働契約者に対する不合理な労働条件は禁止されるが、この労働条件には、賃金・諸手当、労働時間・休日の基準などの基幹的労働条件は含まれるが、解雇等の基準・手続は含まれない。

エ．労働契約法 18 条 1 項により、通算契約期間が 5 年を超える有期労働契約下にある労働者は、その一方的意思表示により無期労働契約への転換を成就する転換申込権を有している。

|解説| 有期契約労働者の労働契約

ア　正しい。使用者は、有期労働契約について、その有期労働契約により労働者を使用する目的に照らして、必要以上に短い期間を定めることにより、その有期労働契約を反復して更新することのないよう配慮しなければならない（労働契約法17条2項）。従って、本記述は正しい。

イ　正しい。有期労働契約を締結している労働者の労働契約の内容である労働条件が、期間の定めがあることにより同一の使用者と期間の定めのない労働契約を締結している労働者の労働契約の内容である労働条件と相違する場合においては、当該労働条件の相違は、労働者の業務の内容及び当該業務に伴う責任の程度、当該職務の内容及び配置の変更の範囲その他の事情を考慮して、不合理と認められるものであってはならない（労働契約法20条）。従って、本記述は正しい。

ウ　誤り。期間の定めがあることによる有期労働契約者に対する不合理な労働条件は禁止されている（労働契約法20条）が、この「労働条件」は、「労働契約の内容」となる限りは広義にとらえられるべきであり、賃金・諸手当、労働時間・休日の基準などの基幹的労働条件のみならず、解雇等の基準・手続や懲戒の基準・手続も含まれる。従って、本記述は誤っている。

エ　正しい。「同一の使用者との間で締結された二以上の有期労働契約（契約期間の始期の到来前のものを除く。以下この条において同じ。）の契約期間を通算した期間（次項において『通算契約期間』という。）が5年を超える労働者が、当該使用者に対し、現に締結している有期労働契約の契約期間が満了する日までの間に、当該満了する日の翌日から労務が提供される期間の定めのない労働契約の締結の申込みをしたときは、使用者は当該申込みを承諾したものとみなす。」と規定している。ここから、通算契約期間が5年を超える有期労働契約下にある労働者は、その一方的意思表示により無期労働契約への転換を成就する転換申込権を有していると解されることになる（労働契約法18条1項）。従って、本記述は正しい。

|解答|　ウ

問題 17. パートタイム労働法に関する以下のアからエまでの記述のうち、最も適切ではないものを1つ選びなさい。

ア．パートタイム労働法は、事業主は、パートタイム労働者を雇い入れたときは、速やかに、実施する賃金制度や教育訓練、通常の労働者への転換の措置等の雇用管理の改善措置の内容を説明しなければならないと規定している。

イ．パートタイム労働法は、事業主は、通常の労働者と同視すべき短時間労働者については、短時間労働者であることを理由として、賃金の決定、教育訓練の実施、福利厚生施設の利用その他の待遇について、差別的取扱いをしてはならないと規定している。

ウ．パートタイム労働法は、事業主がその雇用する短時間労働者の賃金について、通常の労働者との均等を考慮しつつ、職務の内容、職務の成果、意欲、能力又は経験等を勘案して決定しなければならないと規定している。

エ．事業主は、常時 10 人以上の短時間労働者を雇用する事業所ごとに、厚生労働省令で定めるところにより、指針に定める事項その他の短時間労働者の雇用管理の改善等に関する事項を管理させるため、短時間雇用管理者を選任するように努めなければならない。

|解説| パートタイム労働法

ア 正しい。事業主は、パートタイム労働者を雇い入れたときは、速やかに、実施する賃金制度や教育訓練、通常の労働者への転換の措置等の雇用管理の改善措置の内容を説明しなければならない（パートタイム労働法14条1項）。従って、本記述は正しい。

イ 正しい。事業主は、通常の労働者と同視すべき短時間労働者については、短時間労働者であることを理由として、賃金の決定、教育訓練の実施、福利厚生施設の利用その他の待遇について、差別的取扱いをしてはならない（パートタイム労働法9条）。従って、本記述は正しい。

ウ 誤り。パートタイム労働法は、事業主がその雇用する短時間労働者の賃金について、通常の労働者との**均衡**を考慮しつつ、職務の内容、職務の成果、意欲、能力又は経験等を勘案して決定するように努めなければならないと規定している（パートタイム労働法10条）。従って、本記述は誤っている。

エ 正しい。事業主は、常時10人以上の短時間労働者を雇用する事業所ごとに、厚生労働省令で定めるところにより、指針に定める事項その他の短時間労働者の雇用管理の改善等に関する事項を管理させるため、短時間雇用管理者を選任するように努めなければならない（パートタイム労働法17条、則6条）。従って、本記述は正しい。

|解答| ウ

問題 18. 労働者派遣法に関する以下のアからエまでの記述のうち、最も<u>適切ではない</u>ものを1つ選びなさい。

ア．派遣元事業主は、派遣先の事業所その他派遣就業の場所における組織単位ごとの業務につき、原則として、3年を超える期間継続して同一の派遣労働者に係る労働者派遣を行ってはならない。

イ．派遣元事業主は、その雇用する派遣労働者に係る派遣先である者又は派遣先となろうとする者との間で、如何なる場合であっても、その者が当該派遣労働者を当該派遣元事業主との雇用関係の終了後雇用することを禁ずる旨の契約を締結してはならない。

ウ．派遣先は、派遣労働者からの苦情の申出については、派遣元事業主との密接な連携のもとに、誠意をもって遅滞なく、当該苦情の適切かつ迅速な処理を図らなければならない。

エ．派遣元事業主は、その雇用する労働者であって、派遣労働者として雇い入れた労働者以外のものを新たに労働者派遣の対象としようとするときは、あらかじめ、当該労働者にその旨を明示し、その同意を得なければならない。

|解説| 労働者派遣法

ア　正しい。派遣元事業主は、派遣先の事業所その他派遣就業の場所における組織単位ごとの業務につき、原則として、3年を超える期間継続して同一の派遣労働者に係る労働者派遣を行ってはならない（労働者派遣法35条の3）。従って、本記述は正しい。

イ　誤り。派遣元事業主は、その雇用する派遣労働者に係る派遣先である者又は派遣先となろうとする者との間で、**正当な理由がなく**、その者が当該派遣労働者を当該派遣元事業主との雇用関係の終了後雇用することを禁ずる旨の契約を締結してはならない（労働者派遣法33条2項）。従って、本記述は誤っている。

ウ　正しい。派遣先は、派遣労働者からの苦情の申出については、派遣元事業主との密接な連携のもとに、誠意をもって遅滞なく、当該苦情の適切かつ迅速な処理を図らなければならない（派遣法40条1項）。従って、本記述は正しい。

エ　正しい。派遣元事業主は、その雇用する労働者であって、派遣労働者として雇い入れた労働者以外のものを新たに労働者派遣の対象としようとするときは、あらかじめ、当該労働者にその旨（新たに紹介予定派遣の対象としようとする場合にあっては、その旨を含む。）を明示し、その同意を得なければならない（労働者派遣法32条2項）。従って、本記述は正しい。

解答　イ

問題 19.「働き方改革実行計画」に基づき、雇用形態にかかわらない公正待遇確保の法改正に関する以下のアからエまでの記述のうち、最も適切ではないものを1つ選びなさい。

ア．短時間・有期雇用労働者に関する同一企業内における正規雇用労働者との不合理な待遇の禁止に関し、個々の待遇ごとに、当該待遇の性質・目的に照らして適切と認められる事情を考慮して判断されるべき旨を明確化する。

イ．事業主には、非正規雇用労働者を雇い入れた際には、当該労働者に対し、「正社員との待遇差の内容や理由」などを説明するよう義務付ける。

ウ．派遣労働者については、派遣先の労働者との均等・均衡待遇の確保と一定の要件を満たす労使協定による待遇の確保のいずれかの措置を講ずるよう義務付ける。

エ．都道府県労働局において、無料・非公開の紛争解決手続きを行い、「均衡待遇」や「待遇差の内容・理由」に関する説明についても、行政 ADR の対象となるよう裁判外紛争解決手続の規定を整備する。

|解説| 雇用形態にかかわらない公正待遇確保

ア　正しい。短時間・有期雇用労働者に関する同一企業内における正規雇用労働者との不合理な待遇の禁止に関し、個々の待遇ごとに、当該待遇の性質・目的に照らして適切と認められる事情を考慮して判断されるべき旨を明確化する。従って、本記述は正しい。

イ　誤　り。非正規雇用労働者は、「正社員との待遇差の内容や理由」など、自身の待遇について説明を求めることができるようになり、**事業主は、当該非正規雇用労働者から求めがあった場合は、説明をしなければならない**。従って、本記述は誤っている。

ウ　正しい。派遣労働者については、派遣先の労働者との均等・均衡待遇の確保と一定の要件を満たす労使協定による待遇の確保のいずれかの措置を講ずるよう義務付ける。従って、本記述は正しい。

エ　正しい。都道府県労働局において、無料・非公開の紛争解決手続きを行い、「均衡待遇」や「待遇差の内容・理由」に関する説明についても、行政 ADR の対象となるよう裁判外紛争解決手続の規定を整備する。従って、本記述は正しい。

|解答　イ|

問題 20. 労働生産性に関する次の文章中の（　　）に入る適切な語句の組合せを、以下のアからエまでのうち1つ選びなさい。

> 　労働生産性は、（　a　）1人当たりだけでなく、就業1時間当たりとして計測されることも多い。特に、近年は、より短い時間で効率的に仕事を行う形で働き方を改革する上でも、時間当たり労働生産性の向上が重要視されるようになっている。
> 　OECDデータに基づく2016年の日本の時間当たり労働生産性は、（　b　）ドル（単位：購買力平価換算ドル）であり、これは、イタリアや英国、カナダなどを下回るものの、ニュージーランドをやや上回る水準である。
> 　日本の順位は、OECD加盟35カ国中20位で、1980年代後半から足もとに至るまで19〜21位で大きく変わらない状況が続いている。

（公益財団法人日本生産性本部『労働生産性の国際比較 2017年版』より）

ア．a．就業者　　　b．68.0
イ．a．就業者　　　b．46.0
ウ．a．国民　　　　b．68.0
エ．a．国民　　　　b．46.0

| 解説 | 労働生産性 |

> 労働生産性は、（a．就業者）1人当たりだけでなく、就業1時間当たりとして計測されることも多い。特に、近年は、より短い時間で効率的に仕事を行う形で働き方を改革する上でも、時間当たり労働生産性の向上が重要視されるようになっている。
>
> OECDデータに基づく2016年の日本の時間当たり労働生産性は、（b．46.0）ドル（単位：購買力単価換算ドル）であり、これは、イタリアや英国、カナダ）などを下回るものの、ニュージーランドをやや上回る水準である。
>
> 日本の順位は、OECD加盟35カ国中20位で、1980年代後半から足もとに至るまで19～21位で大きく変わらない状況が続いている。

解答　イ

問題 21. 平成 29 年の賃金の改定事情に関する次の文章中の（　）に入る適切な語句の組合せを、以下のアからエまでのうち1つ選びなさい。

> 平成 29 年中に賃金の改定を実施し、又は予定していて額も決定している企業について、賃金の改定の決定に当たり最も重視した要素をみると、「（　a　）」が 55.0％（前年 51.4％）と最も多く、「重視した要素はない」を除くと、「（　b　）」が 8.7％、次いで「世間相場」が 5.1％となっている。また、企業規模別にみると、すべての規模で「（a）」が最も多くなっている。

厚生労働省『平成 29 年賃金引上げ等に関する調査』より

ア．a．企業の業績　　　　　b．労働力の確保・定着
イ．a．企業の業績　　　　　b．前年度の改定実績
ウ．a．労働力の確保・定着　b．企業の業績
エ．a．労働力の確保・定着　b．前年度の改定実績

解説　賃金の改定

> 平成 29 年中に賃金の改定を実施し、又は予定していて額も決定している企業について、賃金の改定の決定に当たり最も重視した要素をみると、「（a．企業の業績）」が 55.0％（前年 51.4％）と最も多く、「重視した要素はない」を除くと、「（b．労働力の確保・定着）」が 8.7％、次いで「世間相場」が 5.1％となっている。
> 　企業規模別にみると、すべての規模で「企業の業績」が最も多くなっている。

解答　ア

問題 22. 賃金引き上げと労働生産性向上に関する以下のアからエまでの記述のうち、最も適切ではないものを1つ選びなさい。

ア．働き方改革実行計画では、賃金引き上げについて、過去最高の企業収益を継続的に賃上げに確実につなげ、近年低下傾向にある労働分配率を上昇させ、経済の好循環をさらに確実にすることにより総雇用者所得を増加させていくとしている。

イ．中央最低賃金審議会が示した2018年度の最低賃金の全国加重平均額は874円で、前年度に比べて26円の引上げとなった。

ウ．働き方改革実行計画では、最低賃金について、年率3％程度を目途として、名目GDPの成長率にも配慮しつつ引き上げ、全国加重平均が1,200円になることを目指すとしている。

エ．生産性向上に資する人事評価制度や賃金制度を整備し、生産性向上と賃上げを実現した企業への助成制度を創設した。

解説　賃金引き上げと労働生産性向上

ア　正しい。「アベノミクスの三本の矢の政策によって、デフレではないという状況を作り出す中で、企業収益は過去最高となっている。過去最高の企業収益を継続的に賃上げに確実につなげ、近年低下傾向にある労働分配率を上昇させ、経済の好循環をさらに確実にすることにより総雇用者所得を増加させていく」（働き方改革実行計画）。従って、本記述は正しい。

イ　正しい。中央最低賃金審議会が示した 2018 年度の最低賃金の全国加重平均額は 874 円で、前年度に比べて 26 円の引上げとなった。従って、本記述は正しい。

ウ　誤り。「1,200 円」が誤りで、正しくは「**1,000 円**」である。「最低賃金については、年率 3 ％程度を目途として、名目 GDP 成長率にも配慮しつつ引き上げていく。これにより、全国加重平均が **1,000 円**になることを目指す。このような最低賃金の引き上げに向けて、中小企業、小規模事業者の生産性向上等のための支援や取引条件の改善を図る」（働き方改革実行計画）。従って、本記述は誤っている。

エ　正しい。「生産性向上に資する人事評価制度及び賃金制度を整備し、生産性の向上、従業員の賃金アップ、離職率低下を実現した企業を助成する制度を創設する」「人事評価改善等助成金」は 2017 年 4 月 1 日から開始している。従って、本記述は正しい。

解答　ウ

問題 23. 最低賃金法に関する以下のアからエまでの記述のうち、最も<u>適切ではないもの</u>を1つ選びなさい。

ア．最低賃金制度は、国が、労働契約における賃金の最低額を定めて、使用者に対してその遵守を強制する制度である。

イ．地域別最低賃金とは、都道府県ごとに職種別で定められ、都道府県内の事業場で働く労働者とその使用者に対して適用される最低賃金をいう。

ウ．特定最低賃金とは、特定地域内の特定の産業について、地域別最低賃金より金額水準の高い最低賃金を定めることが必要と認めるものについて設定される最低賃金をいう。

エ．最低賃金額より低い賃金を労働者・使用者双方の合意の上で定めてもその部分について最低賃金法により無効とされ、使用者は最低賃金未満の賃金しか支払わなかった場合には、最低賃金額との差額を支払わなければならない。

解説　最低賃金法

ア　正しい。最低賃金制度は、国が、労働契約における賃金の最低額を定めて、使用者に対してその遵守を強制する制度である。憲法27条2項が、国に対して要請する勤労条件の法定の中核をなすものである。従って、本記述は正しい。

イ　誤り。地域別最低賃金とは、都道府県ごとに定められ、**産業や職種にかかわりなく**、都道府県内の事業場で働くすべての労働者とその使用者に対して適用される最低賃金をいう（最低賃金法9条1項参照）。従って、本記述は誤っている。

ウ　正しい。特定（産業別）最低賃金とは、特定地域内の特定の産業について、地域別最低賃金より金額水準の高い最低賃金を定めることが必要と認めるものについて設定される最低賃金をいう（最低賃金法15条1項、16条）。従って、本記述は正しい。

エ　正しい。仮に最低賃金額より低い賃金を労働者・使用者双方の合意の上で定めてもその部分は最低賃金法により無効とされ、最低賃金額と同額の定めをしたものとされる（最低賃金法4条2項）。従って、使用者は最低賃金未満の賃金しか支払わなかった場合には、最低賃金額との差額を支払わなければならない。これには、強行的直律的効力がある。従って、本記述は正しい。

解答　イ

問題 24. 次の図は、1人当たり平均年間総実労働時間（就業者）の国際比較の結果を表している。図中の（　）に入る**適切な**国名の組合せを、以下のアからエまでのうち1つ選びなさい。

ア．a．フランス　　b．日本
イ．a．イギリス　　b．ドイツ
ウ．a．日本　　　　b．ドイツ
エ．a．ドイツ　　　b．フランス

解説　1人当たり平均年間総実労働時間（就業者）の国際比較

　日本の平均年間総実労働時間（就業者）を中期的にみると、1988年の改正労働基準法の施行を契機に労働時間は着実に減少を続け、2009年には1,714時間を記録した。その後、若干増加したが、2016年は1,713時間となっている。主要諸外国についても減少、横ばい傾向を示しており、2016年は韓国2,069時間、アメリカ1,783時間、イタリア1,730時間、イギリス1,676時間、フランス1,472時間、ドイツ1,363時間などとなっている。

解答　ウ

問題 25. 次の図は、長時間労働の原因に関する意識調査において、回答率が高かった項目を順に並べたものである。図中の（　）に入る適切な語句の組合せを、以下のアからエまでのうち1つ選びなさい。

ア．a．顧客からの要求の多さ
　　b．男性中心の画一的な社員構成

イ．a．管理職の意識・マネジメント不足
　　b．長時間労働を是とする人事制度・職場の風土

ウ．a．長時間労働を是とする人事制度・職場の風土
　　b．現在の労働時間規制

エ．a．管理職の意識・マネジメント不足
　　b．男性中心の画一的な社員構成

解説　長時間労働の原因

　長時間労働の原因に対する意識として、全体で最も多いのは「管理職（ミドルマネージャー）の意識・マネジメント不足」（44.2％）で、次いで「人手不足（業務過多）」（41.7％）、「従業員の意識・取り組み不足」（31.6％）の順となっている。その他では「長時間労働を是とする人事制度・職場の風土」（28.6％）、「現在の労働時間規制」（13.1％）、「男性中心の画一的な社員構成」（8.3％）となっている。
　なお、「長時間労働は行っていない」は18.0％に留まり、多くの企業は何らかの形で自社が長時間労働を行っているという意識があるようである。

解答　イ

問題 26. 次の図は、「仕事や職業生活に関する強い不安、悩み、ストレス」に関する調査結果として、回答率の高かった項目を順に5つ並べたものである。図中の（　）に入る適切な語句の組合せを、以下のアからエまでのうち1つ選びなさい。

ア．a．仕事の質・量　　　b．会社の将来性
　　c．仕事の失敗、責任の発生等

イ．a．仕事の質・量　　　b．仕事の失敗、責任の発生等
　　c．会社の将来性

ウ．a．会社の将来性　　　b．仕事の質・量
　　c．仕事の失敗、責任の発生等

エ．a．会社の将来性　　　b．仕事の失敗、責任の発生等
　　c．仕事の質・量

| 解説 | 仕事や職業生活に関する強い不安、悩み、ストレス |

「仕事や職業生活に関する強い不安、悩み、ストレスを感じる」とした労働者のうち、その内容をみると、「仕事の質・量」（57.5%）が最も多く、次いで、「対人関係（セクハラ・パワハラを含む）」（36.4%）、「仕事の失敗、責任の発生等」（33.2%）、「役割・地位の変化等」（23.9%）、「会社の将来性」（20.3%）、「雇用の安定性」（14.7%）、「事故や災害の体験」（1.9%）となっている。

解答　イ

問題 27. 時間外労働上限規制に関する次の文章中の（　　）に入る適切な語句の組合せを、以下のアからエまでのうち1つ選びなさい。

　2018年6月に働き方改革関連法案が国会で成立し、36協定で定める時間外労働に罰則付きの上限が設けられることとなった。適用について、大企業は2019年4月から、中小企業は（　a　）からとなっている。
　時間外労働の上限は月（　b　）・年360時間となり、臨時的な特別の事情がなければこれを超えることはできない。臨時的な特別事情があり、労使が合意する場合であっても、年720時間、複数月平均80時間以内（休日労働を（　c　））、単月100時間未満（休日労働を（c））を超えることはできない。また、月（b）を超えることができるのは、年間6か月までである。

ア．a．2022年4月　　　b．40時間　　　c．含む
イ．a．2022年4月　　　b．45時間　　　c．含まない
ウ．a．2020年4月　　　b．45時間　　　c．含む
エ．a．2020年4月　　　b．40時間　　　c．含まない

|解説| 時間外労働上限規制

　2018年6月に働き方改革関連法案が国会で成立し、36協定で定める時間外労働に罰則付きの上限が設けられることとなった。適用について、大企業は2019年4月から、中小企業は（**a．2020年4月**）からとなっている。

　時間外労働の上限は月（**b．45時間**）・年360時間となり、臨時的な特別の事情がなければこれを超えることはできない。臨時的な特別事情があり、労使が合意する場合であっても、年720時間、複数月平均80時間以内（休日労働を（**c．含む**））、単月100時間未満（休日労働を**含む**）を超えることはできない。また、月**45時間**を超えることができるのは、年間6か月までである（労働基準法第三十六条第一項の協定で定める労働時間の延長及び休日の労働について留意すべき事項等に関する指針）。

|解答　ウ|

問題 28. 次の表は、時間外労働規制の適用除外等の取扱いを受けている業種における労働基準法改正後の対応内容である。表中の（　）に入る適切な語句の組合せを、以下のアからエまでのうち1つ選びなさい。

業種	現行の適用除外等の取扱い
自動車運転	今回は、罰則付きの時間外労働規制の適用除外とせず、改正法の一般則の施行期日の5年後に、年（　a　）以内の規制を適用することとし、かつ、将来的には一般則の適用を目指す旨の規定を設ける。
（　b　）	（b）事業については、限度基準告示の適用除外とされている。これに対し、今回は、罰則付きの時間外労働規制の適用除外とせず、改正法の一般則の施行期日の5年後に罰則付き上限規制の一般則を適用する（但し、復旧・復興の場合については、単月で100時間未満、（　c　）の平均で80時間以内の条件は適用しない）。併せて、将来的には一般則の適用を目指す旨の規定を設けることとする。

ア．a．720時間　　b．建設　　　　c．1か月ないし3か月
イ．a．720時間　　b．研究開発　　c．2か月ないし6か月
ウ．a．960時間　　b．建設　　　　c．2か月ないし6か月
エ．a．960時間　　b．研究開発　　c．1か月ないし3か月

解説　36協定で適用除外等の取扱いを受けている業種の取扱い

業種	現行の適用除外等の取扱い
自動車運転	今回は、罰則付きの時間外労働規制の適用除外とせず、改正法の一般則の施行期日の5年後に、年（a. 960時間）以内の規制を適用することとし、かつ、将来的には一般則の適用を目指す旨の規定を設ける。
(b. 建設)	**建設**事業については、限度基準告示の適用除外とされている。これに対し、今回は、罰則付きの時間外労働規制の適用除外とせず、改正法の一般則の施行期日の5年後に罰則付き上限規制の一般則を適用する（但し、復旧・復興の場合については、単月で100時間未満、（c. 2か月ないし6か月）の平均で80時間以内の条件は適用しない）。併せて、将来的には一般則の適用を目指す旨の規定を設けることとする。

解答　ウ

問題 29. 勤務間インターバル制度に関する【問題文Ａ】から【問題文Ｃ】について、以下のアからエまでのうち正しいものを１つ選びなさい。

【問題文Ａ】「勤務間インターバル」とは、勤務終了後、次の勤務までに一定時間以上の「休息期間」を設けることで、働く人の生活時間や睡眠時間を確保するものであり、健康の確保や過重労働の防止にも資するものである。

【問題文Ｂ】職場意識改善助成金（勤務間インターバル導入コース）とは、労働時間等の設定の改善を図り、過重労働の防止及び長時間労働の抑制に向け勤務間インターバルの導入に取り組んだ際に、その実施に要した費用の一部を助成するものである。

【問題文Ｃ】働き方改革実行計画によれば、労働時間等の設定の改善に関する特別措置法を改正し、事業者は、前日の終業時刻と翌日の始業時刻の間に８時間以上の休息の確保に努めなければならない旨の努力義務を課すとしている。

ア．Ａのみ適切ではない。
イ．Ｂのみ適切ではない。
ウ．Ｃのみ適切ではない。
エ．すべて適切である。

解説　勤務間インターバル制度

A　正しい。「勤務間インターバルとは、勤務終了後、次の勤務までに一定時間以上の『休息期間』を設けることで、働く方の生活時間や睡眠時間を確保するものであり、健康の確保や過重労働の防止にも資するものである」(厚生労働省「職場意識改善助成金(勤務時間インターバルコース)のご案内」)。従って、本記述は正しい。

B　正しい。職場意識改善助成金(勤務間インターバル導入コース)とは、労働時間等の設定の改善を図り、過重労働の防止及び長時間労働の抑制に向け勤務間インターバルの導入に取り組んだ際に、その実施に要した費用の一部を助成するものである。従って、本記述は正しい。

C　誤り。休息期間に関し、具体的な時間は規定されていない。「労働時間等の設定の改善に関する特別措置法を改正し、事業者は、前日の終業時刻と翌日の始業時刻の間に一定時間の休息の確保に努めなければならない旨の努力義務を課し、制度の普及促進に向けて、政府は労使関係者を含む有識者検討会を立ち上げる」(働き方改革実行計画)。従って、本記述は誤っている。
なお、事業主は、その雇用する労働者の労働時間等の設定の改善を図るため、業務の繁閑に応じた労働者の始業及び終業の時刻の設定、健康及び福祉を確保するために必要な終業から始業までの時間の設定、年次有給休暇を取得しやすい環境の整備その他の必要な措置を講ずるように努めなければならない。
※改正労働時間等の設定の改善に関する特別措置法2条
　(2019年4月1日施行予定)

以上により、問題文ABは正しいが、Cは誤っている。従って、正解は肢ウとなる。

解答　ウ

問題 30. 過労死に関する以下のアからエまでの記述のうち、最も適切ではないものを1つ選べなさい。

ア．過労死等防止対策推進法における「過労死等」とは、業務における過重な負荷による脳血管疾患若しくは心臓疾患を原因とする死亡若しくは業務における強い心理的負荷による精神障害を原因とする自殺による死亡又はこれらの脳血管疾患若しくは心臓疾患若しくは精神障害をいう。

イ．判例は、使用者は、その雇用する労働者に従事させる業務を定めて管理するに際し、業務の遂行に伴う疲労や心理的負荷等が過度に蓄積して労働者の心身の健康を損なうことがないよう注意する義務を負い、また、使用者に代わって労働者に対し業務上の指揮監督を行う権限を有する者は、使用者の当該注意義務の内容に従って、その権限を行使すべきであるとしている。

ウ．判例は、過労死による損害賠償請求につき、企業等に雇用される労働者の性格は多様であり、特定の労働者の性格が同種の業務に従事する労働者の個性の多様さとして通常想定される範囲を外れるものでない限り、その性格及びこれに基づく業務遂行の態様等が業務の過重負担に起因して当該労働者に生じた損害の発生または拡大に寄与したとしても、賠償額の決定上斟酌できないとしている。

エ．過労死を防止するため、使用者はその雇用する労働者の労働時間を適正に把握する必要があるが、自己申告制を導入している事業場において、労働者の長時間労働を防止するためには、時間外労働の時間数に上限を設け、上限を超える申告を認めないなどの措置を講じなければならない。

解説　過労死

ア　正しい。過労死等防止対策推進法における「過労死等」とは、業務における過重な負荷による脳血管疾患若しくは心臓疾患を原因とする死亡若しくは業務における強い心理的負荷による精神障害を原因とする自殺による死亡又はこれらの脳血管疾患若しくは心臓疾患若しくは精神障害をいう（過労死等防止対策推進法2条）。従って、本記述は正しい。

イ　正しい。判例は、使用者は、その雇用する労働者に従事させる業務を定めて管理するに際し、業務の遂行に伴う疲労や心理的負荷等が過度に蓄積して労働者の心身の健康を損なうことがないよう注意する義務を負い、また、使用者に代わって労働者に対し業務上の指揮監督を行う権限を有する者は、使用者の当該注意義務の内容に従って、その権限を行使すべきであるとしている（最判平12.3.24 電通事件）。従って、本記述は正しい。

ウ　正しい。判例は、過労死による損害賠償請求につき、企業等に雇用される労働者の性格は多様であり、特定の労働者の性格が同種の業務に従事する労働者の個性の多様さとして通常想定される範囲を外れるものでない限り、その性格及びこれに基づく業務遂行の態様等が業務の過重負担に起因して当該労働者に生じた損害の発生または拡大に寄与したとしても、賠償額の決定上斟酌できないとしている（最判平12.3.24 電通事件）。従って、本記述は正しい。

エ　誤り。自己申告制は、労働者による適正な申告を前提として成り立つものである。このため、使用者は、労働者が自己申告できる時間外労働の時間数に上限を設け、<u>上限を超える申告を認めない等、労働者による労働時間の適正な申告を阻害する措置を講じてはならない</u>。従って、本記述は誤っている。

解答　エ

問題 31. 次の表は、パワーハラスメントの行為類型と具体例の一部を示したものである。表中の（　）に入る適切な語句の組合せを、以下のアからエまでのうち1つ選びなさい。

行為類型	具体例
（ a ）	会議で課長と異なる意見を発言したら、仕事を取り上げられ、ひたすら掃除をする仕事しか与えられなくなった場合
（ b ）	帰る間際に1人ではできない作業を押しつけられた場合
（ c ）	些細なミスにもかかわらず、上司から職場内の全員に聞こえるような声で「やめちまえ！」と怒鳴られた場合

ア．a．精神的な攻撃　　b．個の侵害　　c．身体的な攻撃
イ．a．精神的な攻撃　　b．過大な要求　　c．身体的な攻撃
ウ．a．過小な要求　　b．個の侵害　　c．精神的な攻撃
エ．a．過小な要求　　b．過大な要求　　c．精神的な攻撃

| 解説 | パワーハラスメント |

パワーハラスメントの6類型

1）身体的な攻撃	暴行・傷害
2）精神的な攻撃	脅迫・名誉毀損・侮辱・ひどい暴言
3）人間関係からの切り離し	隔離・仲間外し・無視
4）過大な要求	業務上明らかに不要なことや遂行不可能なことの強制、仕事の妨害
5）過小な要求	業務上の合理性なく、能力や経験とかけ離れた程度の低い仕事を命じることや仕事を与えないこと
6）個の侵害	私的なことに過度に立ち入ること

解答　エ

問題 32. 次の職場のパワーハラスメントに関する会話文を読み、文章中のアからエまでの下線部の内容のうち、最も適切ではないものを1つ選びなさい。

Aさん：職場のパワーハラスメントとはなんですか？

Bさん：職場のパワーハラスメントとは、同じ職場で働く者に対して、職務上の地位や人間関係などの職場内の優位性を背景に、**(ア)業務の適正な範囲を超えて、精神的・身体的苦痛を与える又は職場環境を悪化させる行為**と定義されています。この定義においては、**(イ)上司から部下に対するものに限られ**、職務上の地位や人間関係といった「職場内での優位性」を背景にする行為が該当することを明確にしています。

Aさん：職場のパワーハラスメントには具体的にどんなものがありますか？

Bさん：裁判例や個別労働関係紛争処理事案に基づき、①身体的な攻撃、②精神的な攻撃、③人間関係からの切り離し、④過大な要求、⑤過小な要求、⑥個の侵害の6類型に整理されています。なお、これらは職場のパワーハラスメントに当たりうる行為の**(ウ)すべてについて、網羅するものではない**です。

Aさん：職場のパワーハラスメントの予防・解決に向けた取組みとして、どのような取組みがあるのでしょうか。

Bさん：例えば厚生労働省では、**(エ)ポータルサイトやツイッターによる**企業・労働者の双方に向けた、職場のパワーハラスメント問題の重要性や取組の方法についての情報発信などを行っています。

| 解説　パワーハラスメント |

ア　正しい。職場のパワーハラスメントとは、「同じ職場で働く者に対して、職務上の地位や人間関係などの職場内の優位性を背景に、業務の適正な範囲を超えて、精神的・身体的苦痛を与える又は職場環境を悪化させる行為」と定義されている。従って、正しい。

イ　誤り。職場のパワーハラスメントの定義においては、①<u>上司から部下に対するものに限られず</u>、職務上の地位や人間関係といった「職場内での優位性」を背景にする行為が該当すること、②業務上必要な指示や注意・指導が行われている場合には該当せず、「業務の適正な範囲」を超える行為が該当することを明確にしている。従って、誤っている。

ウ　正しい。裁判例や個別労働関係紛争処理事案に基づき、①身体的な攻撃、②精神的な攻撃、③人間関係からの切り離し、④過大な要求、⑤過小な要求、⑥個の侵害の6類型に整理されている。なお、これらは職場のパワーハラスメントに当たりうる行為のすべてについて、網羅するものではないことに留意する必要がある。従って、正しい。

エ　正しい。厚生労働省では次のような取組を行っている。①社会的気運を醸成するための周知・啓発として、ポータルサイト「あかるい職場応援団」やtwitterアカウントの運営、ポスターやリーフレットの配布により企業・労働者の双方に向けて、問題の重要性や取組の方法についての情報を発信している。②労使の取組の支援として、企業向けのパワーハラスメント対策導入マニュアルの策定やマニュアルを活用したパワーハラスメント対策導入セミナーの全国での開催をしている。従って、正しい。

解答　イ

問題 33. 年次有給休暇に関する以下のアからエまでの記述のうち、最も適切ではないものを1つ選びなさい。

ア．使用者は、その雇入れの日から起算して6か月間継続勤務し、全労働日の8割以上出勤した労働者に対して、継続し、または分割した10労働日の有給休暇を与えなければならない。

イ．継続勤務は、事業場における在籍期間を意味し、勤務の実態に即して実質的に判断されることから、臨時労働者の正社員への採用、在籍での出向、休職者の復職などは実態からみて継続勤務となり得る。

ウ．使用者の時季変更権が認められるには、「事業の正常な運営を妨げる場合」であること、すなわち当該労働者の年休指定日の労働がその者の担当業務を含む相当な単位の業務の運営にとって不可欠であり、かつ、代替要員を確保するのが困難であることが必要である。

エ．判例によれば、年休自由利用の原則が認められるが、労働者が年次有給休暇を請求する際に具申した使途と別の使途に年休を用いることは、使用者に不測の不利益を与える可能性があるので許されない。

解説　年次有給休暇

ア　正しい。年次有給休暇の成立要件は、労働者が6か月間継続勤務し、全労働日の8割以上出勤することである(労働基準法39条1項)。従って、本記述は正しい。

イ　正しい。「継続勤務」は、事業場における在籍期間を意味し、勤務の実態に即して実質的に判断される。臨時労働者の正社員への採用、定年退職者の嘱託としての再採用、短期労働契約の更新、在籍での出向、休職者の復職などは、実態からみて「継続勤務」となり得る(東京高判　平成11.9.30)。従って、本記述は正しい。

ウ　正しい。使用者は「事業の正常な運営を妨げる場合」に時季変更権が認められ、「事業の正常な運営を妨げる場合」にあたるには、当該労働者の年休指定日の労働がその者の担当業務を含む相当な単位の業務の運営にとって不可欠であり、かつ、代替要員を確保するのが困難であることが必要である。従って、本記述は正しい。

エ　誤り。判例によれば、「年次休暇の利用目的は労基法の関知しないところであり、休暇をどのように利用するかは、使用者の干渉を許さない労働者の自由である」としている(最判昭48.3.2)。この原則の帰結として、労働者は年次有給休暇(年休)を請求する際に、<u>その使途を具申することを要しないし、具申した使途と別の使途に年休を用いたとしても何ら成立には影響がない</u>。従って、本記述は誤っている。

解答　エ

問題 34. 年次有給休暇の付与日数に関する次の図の（　）に入る<u>適切な日数の組合せ</u>を、下記の有給休暇取得の経過説明を参考にし、以下のアからエまでのうち 1 つ選びなさい。

・平成 26 年 4 月 1 日に入社し、同年 9 月 30 日までの出勤率が 8 割以上である。
・平成 26 年 10 月 1 日から平成 27 年 9 月 30 日までの間は私病の為、出勤率が 8 割未満である。
・平成 27 年 10 月 1 日から平成 28 年 9 月 30 日までの出勤率が 8 割以上である。
・平成 28 年 10 月 1 日から平成 29 年 9 月 30 日までの出勤率が 8 割以上である。

ア．a. 10 日　　b. 12 日　　c. 14 日
イ．a. 0 日　　b. 11 日　　c. 12 日
ウ．a. 0 日　　b. 12 日　　c. 14 日
エ．a. 10 日　　b. 11 日　　c. 12 日

| 解説 | 年次有給休暇の付与日数 |

①使用者は、年次有給休暇は雇入れの日から起算して、6か月間継続勤務し、その6か月間の全労働日の8割以上出勤した労働者に対して、継続または分割した10日の有給休暇を与えなければならない（労働基準法39条1項）。

②使用者は、1年6か月以上継続勤務した労働者に対しては、雇入れの日から起算して6か月を超えて継続勤務する日から起算した継続勤務年数1年ごとに、10労働日に、次の表の左欄に掲げる6か月経過日から起算した継続勤務年数の区分に応じ同表の右欄に掲げる労働日を加算した有給休暇を与えなければならない。ただし、継続勤務した期間を6か月経過日から1年ごとに区分した各期間(最後に1年未満の期間を生じたときは、当該期間)の初日の前日の属する期間において出勤した日数が全労働日の8割未満である者に対しては、当該初日以後の1年間においては有給休暇を与えることを要しない（労働基準法39条2項）。

六箇月経過日から起算した継続勤務年数	労働日
一年	一労働日
二年	二労働日
三年	四労働日
四年	六労働日
五年	八労働日
六年以上	十労働日

解答　ウ

問題 35. 働き方改革法案で義務化された年次有給休暇の時季指定義務に関する次の文章中の（　）に入る<u>適切な語句</u>の組合せを、以下のアからエまでのうち1つ選びなさい。

> 　年次有給休暇は、原則として、労働者が請求する時季に与えることとされているが、職場への配慮やためらい等の理由から取得率が低調な現状にあり、年次有給休暇の取得促進が課題となっている。
> 　このため、今般、労働基準法が改正され、2019年4月から、全ての企業において、年（　a　）以上の年次有給休暇が付与される労働者に対して、年次有給休暇の日数のうち年（　b　）については、（　c　）が時季を指定して取得させることが必要となった。
>
> 【時季指定義務のポイント】
> ①対象者は、年次有給休暇が（a）以上付与される労働者（管理監督者を含む）に限る。
> ②労働者ごとに、年次有給休暇を付与した日（基準日）から1年以内に（b）について、（c）が取得時季を指定して与える必要がある。
> ③年次有給休暇を（b）以上取得済みの労働者に対しては、（c）による時季指定は不要である。

ア．a．10日　　b．5日　　c．使用者
イ．a．15日　　b．10日　　c．労働者
ウ．a．15日　　b．10日　　c．使用者
エ．a．10日　　b．5日　　c．労働者

解説　年次有給休暇の時季指定義務

　年次有給休暇は、原則として、労働者が請求する時季に与えることとされているが、職場への配慮やためらい等の理由から取得率が低調な現状にあり、年次有給休暇の取得促進が課題となっている。

　このため、今般、労働基準法が改正され、2019年4月から、全ての企業において、年（a．10日）以上の年次有給休暇が付与される労働者に対して、年次有給休暇の日数のうち年（b．5日）については、（c．使用者）が時季を指定して取得させることが必要となった。

【時季指定義務のポイント】

①対象者は、年次有給休暇が10日以上付与される労働者（管理監督者を含む）に限る。

②労働者ごとに、年次有給休暇を付与した日（基準日）から1年以内に5日について、**使用者**が取得時季を指定して与える必要がある。

③年次有給休暇を5日以上取得済みの労働者に対しては、**使用者**による時季指定は不要である。

解答　ア

問題 36. 月 60 時間超の割増賃金に関する次の文章中の（　）に入る**適切な語句の組合せ**を、以下のアからエまでのうち 1 つ選びなさい。

> 　長時間労働を抑制し、労働者の健康確保や、仕事と生活の調和を図ることを目的とする「労働基準法の一部を改正する法律」が、平成 22 年 4 月 1 日から施行され、大企業では 1 か月に 60 時間を超える法定時間外労働を行わせた場合、（　a　）以上の割増賃金を支払う義務が課せられることとなったが、中小企業では、当分の間、猶予されていた。
> 　中小企業とは、資本金の額又は出資の総額が（　b　）（小売業又はサービス業を主たる事業とする事業主については 5,000 万円、卸売業を主たる事業とする事業主については 1 億円）以下である事業主及びその常時使用する労働者の数が（　c　）（小売業を主たる事業とする事業主については 50 人、卸売業又はサービス業を主たる事業とする事業主については 100 人）以下である事業主をいう。
> 　2018 年 6 月に働き方改革関連法案が国会で成立し、労働基準法の改正により、中小企業の割増賃金にかかる猶予措置の廃止時期は、2023 年 4 月 1 日となった。

ア．a. 50%　　b. 3 億円　　c. 300 人

イ．a. 50%　　b. 2 億円　　c. 200 人

ウ．a. 60%　　b. 2 億円　　c. 300 人

エ．a. 60%　　b. 3 億円　　c. 200 人

解説　月60時間超の割増賃金

　長時間労働を抑制し、労働者の健康確保や、仕事と生活の調和を図ることを目的とする「労働基準法の一部を改正する法律」が、平成22年4月1日から施行され、大企業では1か月に60時間を超える法定時間外労働を行わせた場合、（a．50%）以上の割増賃金を支払う義務が課せられることとなった（労働基準法37条1項ただし書）が、中小企業では、当分の間、猶予されていた（同法138条）。

　中小企業とは、資本金の額又は出資の総額が（b．3億円）（小売業又はサービス業を主たる事業とする事業主については5,000万円、卸売業を主たる事業とする事業主については1億円）以下である事業主及びその常時使用する労働者の数が（c．300人）（小売業を主たる事業とする事業主については50人、卸売業又はサービス業を主たる事業とする事業主については100人）以下である事業主をいう（整備法附則3条1項）。

　2018年6月に働き方改革関連法案が国会で成立し、労働基準法の改正により、中小企業の割増賃金にかかる猶予措置の廃止時期は、2023年4月1日となった。

解答　ア

問題 37. 次の図は、企業側が兼業・副業を認めるにあたっての課題・懸念に関する調査において、回答率が高かった項目を順に並べたものである。図中の（　）に入る適切な語句の組合せを、以下のアからエまでのうち1つ選びなさい。

ア．a．長時間労働につながらなければ認める
　　b．人材流出のリスクがなければ認める
イ．a．長時間労働につながらなければ認める
　　b．情報漏えいのリスクがなければ認める
ウ．a．情報漏えいのリスクがなければ認める
　　b．長時間労働につながらなければ認める
エ．a．情報漏えいのリスクがなければ認める
　　b．人材流出のリスクがなければ認める

> [!NOTE] 解説　兼業・副業
>
> 　兼業・副業承認の障壁では、「本業がおろそかにならなければ認める」（63.2%）、「情報漏えいのリスクがなければ認める」（56.2%）、「競業、利益相反でなければ認める」（49.5%）、「長時間労働につながらなければ認める」（41.1%）が、いずれも4割〜6割と高く、兼業・副業を承認する上での懸念事項は、多くの場合1つではないことが窺える。その他では、「労災基準が明確になれば認める」（15.8%）、「人材流出のリスクがなければ認める（27.4%）」となっている。

解答　ウ

問題 38. 次の図は、企業におけるテレワークの実施目的に関する調査で回答率の高かった項目を順に並べたものである。図中の（　）に入る適切な語句の組合せを、以下のアからエまでのうち１つ選びなさい。

ア．a．家庭生活を両立させる従業員への対応
　　b．優秀な人材の雇用確保
イ．a．従業員のゆとりと健康的な生活の確保
　　b．家庭生活を両立させる従業員への対応
ウ．a．家庭生活を両立させる従業員への対応
　　b．従業員のゆとりと健康的な生活の確保
エ．a．優秀な人材の雇用確保
　　b．家庭生活を両立させる従業員への対応

| 解説　テレワークの実施目的 |

　テレワークの実施目的をみてみると「定型的業務の効率・生産性の向上」が43.9%と高くなっているが、そのほか「家庭生活を両立させる従業員への対応」「従業員の移動時間の短縮・効率化」「従業員のゆとりと健康的な生活の確保」が、それぞれ50.9%、43.9%、31.6%となっているようにワーク・ライフ・バランスを配慮した目的の割合も高くなっていることが分かり、企業が労働生産性の向上のみならず従業員のワーク・ライフ・バランスに資する目的でテレワークを実施していることがうかがえる。
　なお、「優秀な人材の雇用確保」は22.8%となっている。

解答　ウ

問題 39. 雇用型テレワークに関する以下のアからエまでの記述のうち、最も適切ではないものを1つ選びなさい。

ア．使用者は、労働時間を適正に管理するため、従業員の労働日ごとの始業・就業時刻を確認し、これを記録しなければならない。

イ．サテライト型テレワークとは、ノートパソコン、携帯電話等を活用して、自社の他事業所又は共同利用型のオフィス等で行うテレワークである。

ウ．モバイル型テレワークとは、ノートパソコン、携帯電話等を活用して、顧客先・訪問先・外回り先、喫茶店・図書館・出張先のホテル等または移動中に行うテレワークのことである。

エ．在宅勤務型テレワークを行う従業員に対し、就業規則に定めがなくても、通信費や情報通信機器等の費用を負担させることができる。

|解説　雇用型テレワーク|

ア　正しい。使用者は、労働時間を適正に管理するため、従業員の労働日ごとの始業・就業時刻を確認し、これを記録しなければならない。従って、本記述は正しい。

イ　正しい。サテライト型テレワークとは、ノートパソコン、携帯電話等を活用して、自社の他事業所又は共同利用型のオフィス等で行うテレワークである。従って、本記述は正しい。

ウ　正しい。モバイル型テレワークとは、ノートパソコン、携帯電話等を活用して、顧客先・訪問先・外回り先、喫茶店・図書館・出張先のホテル等または移動中に行うテレワークのことである。従って、本記述は正しい。

エ　誤り。自宅でテレワークを行う際は、費用負担について予め決めておく必要がある。なお、在宅勤務等を行う労働者に、**通信費や情報通信機器等の費用を負担させる場合には、就業規則にその旨を定めなければならない**（労働基準法 89 条）。従って、本記述は誤っている。

|解答　エ|

問題 40. 次の図は、多様な人材の能力が十分に発揮されている企業における雇用管理に関する取組の中で主な実施項目を表したものである。図中の（　）に入る適切な語句の組合せを、以下のアからエまでのうち１つ選びなさい。

ア．a．職場の人間関係やコミュニケーションの円滑化
　　b．人事評価に関する公正性、納得性の向上
イ．a．従業員間の不合理な待遇格差の解消
　　b．職場の人間関係やコミュニケーションの円滑化
ウ．a．職場の人間関係やコミュニケーションの円滑化
　　b．従業員間の不合理な待遇格差の解消
エ．a．人事評価に関する公正性、納得性の向上
　　b．職場の人間関係やコミュニケーションの円滑化

解説　働き方の多様化に応じた雇用管理

職場の人間関係やコミュニケーションの円滑化	優秀な人材を正社員へ登用	仕事と育児との両立支援	従業員間の不合理な待遇格差の解消	能力開発機会の充実	人事評価に関する公正性、納得性の向上
83.0%	80.7%	75.7%	70.2%	59.8%	64.0%

解答　ウ

問題 41. 多様な働き方に向けた制度面の課題に関する以下のアからエまでの記述のうち、最も適切ではないものを1つ選びなさい。

ア．性別・年齢階級別に平均勤続年数の推移をみると、全般的に緩やかな減少傾向がみられ、Kawaguchi and Ueno（2013）による実証研究では、教育年数等をコントロールしても、より若い世代においては勤続年数の低下が観測されており、企業規模や産業によらず長期雇用が減少していることを指摘している。

イ．企業意識調査の結果から、従業員の多様化に対応するべく、年齢や勤続年数にこだわらず、より適切なマネジメントができる人や専門性の高い人を管理職に昇進させていることが推察される。

ウ．多様な従業員が存在する中では、昇進が遅い場合、その管理職としての経験が年を取らないと得られないため、若い世代における人材育成機会の損失につながることが指摘されている。

エ．多様な働き方ができるようになり、雇用が流動化した際には、より効率的に労働需給のマッチングを行うことが重要となってくる。特に、技術進歩に伴い、非定型業務から定型業務の職業へと労働移動を促進する際には、定型の高スキルを必要とする職業のマッチングを効果的に行うことが必要不可欠である。

|解説| 多様な働き方に向けた制度面の課題

ア　正しい。性別・年齢階級別に平均勤続年数の推移をみると、全般的に緩やかな減少傾向がみられ、Kawaguchi and Ueno（2013）による実証研究では、教育年数等をコントロールしても、より若い世代においては勤続年数の低下が観測されており、企業規模や産業によらず長期雇用が減少していることを指摘している。従って、本記述は正しい。

イ　正しい。企業意識調査の結果から、従業員の多様化に対応するべく、年齢や勤続年数にこだわらず、より適切なマネジメントができる人や専門性の高い人を管理職に昇進させていることが推察される。従って、本記述は正しい。

ウ　正しい。多様な従業員が存在する中では、昇進が遅い場合、その管理職としての経験が年を取らないと得られないため、若い世代における人材育成機会の損失につながることが指摘されている。従って、本記述は正しい。

エ　誤り。多様な働き方ができるようになり、雇用が流動化した際には、より効率的に労働需給のマッチングを行うことが重要となってくる。特に、技術進歩に伴い、**定型業務から非定型業務**の職業へと労働移動を促進する際には、**非定型**の高スキルを必要とする職業のマッチングを効果的に行うことが必要不可欠である。従って、本記述は誤っている。

|解答|　エ|

問題 42. 短時間正社員に関する以下のアからエまでの記述のうち、最も適切ではないものを1つ選びなさい。

ア. 短時間正社員制度は、これまで企業が正社員に求めていた働き方では活躍できなかった意欲・能力の高い人材を新たに正社員として確保・活用できる制度である。

イ. 短時間正社員は、無期労働契約を締結し、時間当たりの基本給および賞与・退職金等の算定方法等がフルタイム正社員と同等であるが、フルタイム正社員と比較して、1週間の所定労働時間が短い労働者である。

ウ. 厚生労働省は、「短時間正社員制度導入支援マニュアル」を策定・公表し、「短時間正社員制度導入支援ナビ」を運用している。

エ. 厚生労働省の平成 29 年度雇用均等基本調査によると、短時間正社員制度（育児・介護のみを理由とする短時間・短日勤務は除く）がある事業所の割合は、約5割である。

解説　短時間正社員

ア　正しい。短時間正社員制度は、これまで企業が正社員に求めていた働き方では活躍できなかった意欲・能力の高い人材を新たに正社員として確保・活用できる制度である。従って、本記述は正しい。

イ　正しい。短時間正社員とは、フルタイム正社員と比較して、1週間の所定労働時間が短い正規型の社員であって、次のいずれにも該当する社員のことをいう。①期間の定めのない労働契約（無期労働契約）を締結していること、②時間当たりの基本給及び賞与・退職金等の算定方法等が同種のフルタイム正社員と同等であること。従って、本記述は正しい。

ウ　正しい。厚生労働省は、「短時間正社員制度導入支援マニュアル」を策定・公表し、「短時間正社員制度導入支援ナビ」を運用している。従って、本記述は正しい。

エ　誤り。厚生労働省の平成29年度雇用均等基本調査によると、短時間正社員制度（育児・介護のみを理由とする短時間・短日勤務は除く）がある事業所の割合は、**20.8%**である。従って、本記述は誤っている。

解答　エ

問題 43. フレックスタイム制に関する以下のアからエまでの記述のうち、最も適切ではないものを1つ選びなさい。

ア．フレックスタイム制の要件として、就業規則その他これに準ずるものに始業及び終業の時刻を労働者の決定にゆだねる旨を定めなければならない。

イ．フレックスタイム制の要件として、一定の事項を定めた労使協定を締結することが必要である。

ウ．フレックスタイム制の要件として、労働者がその選択により労働することができる時間帯（フレキシブルタイム）を必ず設定しなければならない。

エ．清算期間における実際の労働時間に不足があった場合、法定労働時間の総枠の範囲内である限り、その不足した時間分は次の清算期間の総労働時間に上積みして労働させることができる。

| 解説 | フレックスタイム制

ア　正しい。フレックスタイム制の要件として、就業規則その他これに準ずるものに始業及び終業の時刻を労働者の決定にゆだねる旨を定めなければならない（労働基準法32条の3）。従って、本記述は正しい。

イ　正しい。フレックスタイム制の要件として、一定の事項を定めた労使協定を締結することが必要である（労働基準法32条の3）。従って、本記述は正しい。

ウ　誤り。「必ず設定しなければならない」が誤りである。「労働者がその選択により労働することができる**時間帯（フレキシブルタイム）に制限を設ける場合には、その時間帯の開始及び終了時刻を記載しなければならない**」（労働基準法32条の3、労働基準法施行規則12条の3）。従って、本記述は誤っている。

エ　正しい。清算期間における実際の労働時間に不足があった場合、法定労働時間の総枠の範囲内である限り、その不足した時間分は次の清算期間の総労働時間に上積みして労働させることができる（労働基準法32条の3、S63.1.1基発1号）。従って、本記述は正しい。

解答　ウ

問題44. 2019年4月1日施行予定のフレックスタイム制に関する次の文章中の（　）に入る**適切な語句**の組合せを、以下のアからエまでのうち1つ選びなさい。

【フレックスタイム制における清算期間が1か月を超え（　a　）である場合の過重労働防止】

清算期間を（a）に延長することより、清算期間内の働き方によっては、各月における労働時間の長短の幅が大きくなることが生じ得る。

このため、対象労働者の過重労働を防止する観点から、清算期間が1か月を超える場合には、当該清算期間を1か月ごとに区分した各期間（最後に1か月未満の期間を生じたときには、当該期間）ごとに当該各期間を平均し1週間当たりの労働時間が（　b　）を超えないものとしなければならない。

また、フレックスタイム制の導入に当たり、清算期間が1か月を超える場合においては、締結される労使協定について、（　c　）。

ア．a．3か月以内　　　b．45時間
　　c．所轄労働基準監督署長の許可を得なければならない

イ．a．3か月以内　　　b．50時間
　　c．所轄労働基準監督署長に届け出なければならない

ウ．a．6か月以内　　　b．45時間
　　c．所轄労働基準監督署長の許可を得なければならない

エ．a．6か月以内　　　b．50時間
　　c．所轄労働基準監督署長に届け出なければならない

|解説| フレックスタイム制

【フレックスタイム制における清算期間が1か月を超え（a．3か月以内）である場合の過重労働防止】

　清算期間を3か月以内に延長することより、清算期間内の働き方によっては、各月における労働時間の長短の幅が大きくなることが生じ得る。

　このため、対象労働者の過重労働を防止する観点から、清算期間が1か月を超える場合には、当該清算期間を1か月ごとに区分した各期間（最後に1か月未満の期間を生じたときには、当該期間）ごとに当該各期間を平均し、1週間当たりの労働時間が（b．50時間）を超えないものとしなければならない。

　また、フレックスタイム制の導入に当たり、清算期間が1か月を超える場合においては、締結される労使協定について、（c．所轄労働基準監督署長に届け出なければならない）。

|解答| イ

問題 45. 事業場外労働のみなし労働時間制に関する以下のアからエまでの記述のうち、最も適切ではないものを１つ選びなさい。

ア．労働者が労働時間の全部又は一部について事業場外で業務に従事した場合において、労働時間を算定し難いときは、所定労働時間労働したものとみなす。

イ．労使協定で定める事業場外のみなし労働時間が法定労働時間を超える場合は、労使協定を所定の様式により所轄労働基準監督署長に届け出る必要がある。

ウ．事業場外労働のみなし労働時間制により算定されるみなし労働時間と別途把握した事業場内の業務に従事した時間の合計が１日８時間を超えるなど法定労働時間を超えた場合においても、所定労働時間労働したものとみなされる。

エ．事業場外労働のみなし労働時間制が適用される場合であっても、深夜労働の規定は排除されない。

|解説| 事業場外労働のみなし労働時間制

ア　正しい。労働者が労働時間の全部又は一部について事業場外で業務に従事した場合において、労働時間を算定し難いときは、所定労働時間労働したものとみなす（労働基準法38条の2第1項）。従って、本記述は正しい。

イ　正しい。労使協定で定める事業場外のみなし労働時間が法定労働時間（1日8時間）を超える場合は、労使協定を所定の様式により所轄労働基準監督署長に届け出る必要がある（労働基準法38条の2）。従って、本記述は正しい。

ウ　誤り。事業場外労働のみなし労働時間制は労働基準法第4章の労働時間に関する規定（法定労働時間、時間外労働、時間外労働の割増賃金に関する規定等）の適用に係る労働時間の算定に適用することとされている。よって、事業場外労働のみなし労働時間制により算定されるみなし労働時間と別途把握した事業場内の業務に従事した時間の合計が1日8時間を超えるなど法定労働時間を超える場合には、**法定労働時間を超えた時間は時間外労働となり、2割5分増以上の割増賃金を支払う必要がある**。従って、本記述は誤っている。

エ　正しい。事業場外労働のみなし労働時間制が適用される場合であっても、深夜労働の規定（労働基準法第37条4項）は適用されるので、午後10時から午前5時までの間に実際に労働したときは、その時間については2割5分増以上の割増賃金を支払う必要がある。従って、本記述は正しい。

解答　ウ

問題 46. 障害者支援の総合的な推進に関する以下のアからエまでの記述のうち、最も適切ではないものを1つ選びなさい。

ア．障害者雇用率制度は、障害者の雇用促進の柱であり、1976年の障害者雇用促進法改正により、障害者雇用を義務化して以降、本制度を確実に履行させるために、ハローワークが事業主に対する指導を実施している。

イ．精神障害者の就労支援については、ハローワークに「精神障害者雇用トータルサポーター」を配置し、求職者へのカウンセリング業務に加え、事業主に対する精神障害者等の雇用に係る課題解決のための相談援助や職場実習の開拓、就職後のフォローアップ等総合的な支援を行っている。

ウ．最近（平成29年6月1日現在）の障害者雇用の状況は、民間企業での障害者の実雇用率が過去最高を更新するなど、実雇用率が法定雇用率を上回っている。

エ．ハローワークに難病に関する専門的な知識を持つ「難病患者就職サポーター」を配置し、難病相談支援センターと連携しながら、就職を希望する難病患者に対して、その症状の特性を踏まえたきめ細かな就労支援等を行っている。

解説　障害者支援の総合的な推進

ア　正しい。障害者雇用率制度は、障害者の雇用促進の柱であり、1976（昭和51）年の障害者雇用促進法改正により、障害者雇用を義務化して以降、本制度を確実に履行させるために、ハローワークが事業主に対する指導を実施している。従って、本記述は正しい。

イ　正しい。精神障害者の就労支援については、ハローワークに「精神障害者雇用トータルサポーター」を配置し、求職者へのカウンセリング業務に加え、事業主に対する精神障害者等の雇用に係る課題解決のための相談援助や職場実習の開拓、就職後のフォローアップ等総合的な支援を行っている。従って、本記述は正しい。

ウ　誤り。「実雇用率が法定雇用率を上回っている」が誤りである。2017（平成29）年6月1日現在の民間企業における雇用状況（法定雇用率2.0%）では、実雇用率が1.97%と過去最高となったが、未だ**法定雇用率を下回っている**。従って、本記述は誤っている。

エ　正しい。平成25年度からは、ハローワークに難病に関する専門的な知識を持つ「難病患者就職サポーター」を配置し、難病相談支援センターと連携しながら、就職を希望する難病患者に対して、その症状の特性を踏まえたきめ細かな就労支援等を行っている。従って、本記述は正しい。

解答　ウ

問題 47. 障害者の雇用に関する以下のアからエまでの記述のうち、最も適切ではないものを1つ選びなさい。

ア．事業主は、労働者の募集及び採用について、障害者に対して、障害者でない者と均等な機会を与えなければならない。

イ．全て事業主は、対象障害者の雇用に関し、社会連帯の理念に基づき、適当な雇用の場を与える共同の責務を有するものであって、進んで対象障害者の雇入れに努めなければならない。

ウ．事業主（その雇用する労働者の数が常時厚生労働省令で定める数以上である事業主に限る。）は、毎年1回、厚生労働省令で定めるところにより、対象障害者である労働者の雇用に関する状況を厚生労働大臣に報告しなければならない。

エ．平成30年4月1日から、民間企業における障害者の法定雇用率が2.0%から2.5%へと引き上げられた。

解説　障害者の雇用

ア　正しい。事業主は、労働者の募集及び採用について、障害者に対して、障害者でない者と均等な機会を与えなければならない(障害者雇用促進法 34 条)。従って、本記述は正しい。

イ　正しい。全て事業主は、対象障害者の雇用に関し、社会連帯の理念に基づき、適当な雇用の場を与える共同の責務を有するものであって、進んで対象障害者の雇入れに努めなければならない(障害者雇用促進法 37 条)。従って、本記述は正しい。

ウ　正しい。事業主(その雇用する労働者の数が常時厚生労働省令で定める数以上である事業主に限る。)は、毎年 1 回、厚生労働省令で定めるところにより、対象障害者である労働者の雇用に関する状況を厚生労働大臣に報告しなければならない(障害者雇用促進法 43 条 7 項)。従って、本記述は正しい。

エ　誤り。平成 30 年 4 月 1 日から、民間企業において、障害者の法定雇用率が 2.0%から **2.2%** に引き上げられた(障害者雇用促進法 43 条 2 項、障害者雇用促進法施行規則 7 条)。従って、本記述は誤っている。

解答　エ

問題 48. 次の図は、男性の家事・育児参加に関する調査において、回答率が高かった項目を順に並べたものである。図中の（　）に入る**適切な**語句の組合せを、以下のアからエまでのうち1つ選びなさい。

ア．a．残業が少なくなること
　　b．職場の人員配置に余裕ができること
イ．a．上司の理解
　　b．自分の仕事外の時間の使い方の優先順位を変えること
ウ．a．残業が少なくなること
　　b．休日出勤が減ること
エ．a．時間当たりの賃金の改善
　　b．上司の理解

| 解説 | 男性の家事・育児参加 |

> 平日の家事・育児を今まで以上にするために必要なことは、「残業が少なくなること（32.2%）」「休暇が取りやすくなること（26.9%）」「配偶者とのコミュニケーションの向上（21.8%）」が多く挙がっている。その他では、「職場の人員配置に余裕ができること（18.6%）」「上司の理解（16.2%）」「時間当たりの賃金の改善（16.1%）」「自分の仕事外の時間の使い方の優先順位を変えること（14.6%）」「休日出勤が減ること（9.1%）」となっている。

| 解答 | ア |

問題 49. 一般事業主行動計画に関する次の文章中の（　）に入る適切な語句の組合せを、以下のアからエまでのうち1つ選びなさい。

「一般事業主行動計画」とは、（　a　）に基づき、企業が従業員の仕事と子育ての両立を図るための雇用環境の整備や、子育てをしていない従業員も含めた多様な労働条件の整備などに取り組むに当たって、計画期間、目標、目標達成のための対策及びその実施時期を定めるものである。

常時雇用する労働者の数が（　b　）を超える企業は、仕事と子育ての両立を図るための「一般事業主行動計画」を策定し、厚生労働大臣にその旨を届け出なければならない。これを変更したときも同様である。

ア．a．次世代育成支援対策推進法　　b．100人
イ．a．次世代育成支援対策推進法　　b．300人
ウ．a．育児介護休業法　　　　　　　b．300人
エ．a．育児介護休業法　　　　　　　b．100人

解説　一般事業主行動計画

「一般事業主行動計画」とは、（a．次世代育成支援対策推進法）に基づき、企業が従業員の仕事と子育ての両立を図るための雇用環境の整備や、子育てをしていない従業員も含めた多様な労働条件の整備などに取り組むに当たって、計画期間、目標、目標達成のための対策及びその実施時期を定めるものである。

常時雇用する労働者の数が（b．100人）を超える企業は、仕事と子育ての両立を図るための「一般事業主行動計画」を策定し、厚生労働大臣にその旨を届け出なければならない。これを変更したときも同様である（12条1項・2項）。

解答　ア

問題 50. 育児と介護の支援措置に関する以下のアからエまでの記述のうち、最も適切ではないものを1つ選びなさい。

ア．育児休業を取得せずに3歳までの子を養育する労働者（1日の所定労働時間が6時間を超えるものに限る）は、事業主に短時間勤務希望の申出をすることができる。

イ．要介護状態にある対象家族の介護その他の厚生労働省令で定める世話を行う労働者は、その事業主に申し出ることにより、一の年度において5労働日（要介護状態にある対象家族が2人以上の場合にあっては、10労働日）を限度として、当該世話を行うための休暇を取得することができる。

ウ．育児休業給付金の額は、1支給単位期間が30日の場合、休業開始時賃金日額に30を乗じて得た額に相当する額である。

エ．介護休業給付の給付額は、休業前賃金の40％相当額とされていたが、当分の間67％相当に引き上げられている。

|解説| 育児と介護の支援措置

ア 正しい。事業主は、育児休業を取得せずに3歳までの子を養育する労働者（1日の所定労働時間が6時間を超えるものに限る）が希望する場合には、その者に対して1日の所定労働時間を6時間に、または6時間を含む複数の時間を選択肢とするように、短時間勤務措置を講じなければならない（育児・介護休業法23条1項）。従って、本記述は正しい。

イ 正しい。要介護状態にある対象家族の介護その他の厚生労働省令で定める世話を行う労働者は、その事業主に申し出ることにより、一の年度において5労働日（要介護状態にある対象家族が2人以上の場合にあっては、10労働日）を限度として、当該世話を行うための休暇を取得することができる（育児・介護休業法16条の5）。従って、本記述は正しい。

ウ 誤り。育児休業給付金の額は、1支給単位期間が30日の場合、休業開始時賃金日額に**30を乗じて得た額の100分の50**（当該休業を開始した日から起算し当該育児休業給付金の支給に係る休業日数が通算して180日に達するまでの間に限り、100分の67）に相当する額である（雇用保険法61条の4第4項、法附則12条）。従って、本記述は誤っている。

エ 正しい。介護休業給付の給付額は、休業前賃金の40％相当額とされていたが（雇用保険法61条の6第4項）、当分の間67％相当に引き上げられている（雇用保険法附則12条の2）。従って、本記述は正しい。

|解答| ウ

問題 51. 育児・介護休業法における事業主が講ずべき措置に関する以下のアからエまでの記述のうち、最も適切ではないものを１つ選びなさい。

　ア．事業主は、労働者を転勤させようとする場合、その就業の場所の変更により就業しつつその子の養育又は家族の介護を行うことが困難となる労働者がいるときは、当該労働者の子の養育又は家族の介護の状況に配慮しなければならない。

　イ．事業主は、労働者又はその配偶者が妊娠・出産したことを知ったとき育児休業等の制度を個別に知らせる措置を講ずるよう努めなければならない。

　ウ．事業主は、配偶者出産休暇や入園式などの育児に利用できる休暇を与えるための措置を講じなければならない。

　エ．事業主は、労働者が育児・介護休業法による育児休業、子の看護休暇を申し出たことを理由に、当該労働者に対して解雇その他の不利益な取扱いをしてはならない。

|解説| 事業主が講ずべき措置

ア　正しい。「事業主は、その雇用する労働者の配置の変更で就業の場所の変更を伴うものをしようとする場合において、その就業の場所の変更により就業しつつその子の養育又は家族の介護を行うことが困難となることとなる労働者がいるときは、当該労働者の子の養育又は家族の介護の状況に配慮しなければならない。」（育児・介護休業法26条）。従って、本記述は正しい。

イ　正しい。「事業主は、育児休業及び介護休業に関して、あらかじめ、次に掲げる事項を定めるとともに、これを労働者に周知させるための措置(労働者若しくはその配偶者が妊娠し、若しくは出産したこと又は労働者が対象家族を介護していることを知ったときに、当該労働者に対し知らせる措置を含む)を講ずるよう努めなければならない。」（育児・介護休業法21条1項）。従って、本記述は正しい。

ウ　誤り。この措置は義務規定ではなく、**努力義務**規定である（育児・介護休業法24条）。従って、本記述は誤っている。

エ　正しい。事業主は、労働者が育児休業申出をし、又は育児休業をしたことを理由として、当該労働者に対して解雇その他不利益な取扱いをしてはならない（育児・介護休業法10条、16条の4）。従って、本記述は正しい。

|解答| ウ

問題 52. 育児・介護休業法における介護休業に関する以下のアからエまでの記述のうち、最も適切ではないものを1つ選びなさい。

ア．「要介護状態」とは、負傷、疾病又は身体上若しくは精神上の障害により、2週間以上の期間にわたり常時介護を必要とする状態である。

イ．労働者は、要介護状態にある対象家族を介護する場合において、要介護者1人につき、通算93日を限度として、3回まで介護のための休業をすることができる。

ウ．有期雇用労働者は、無期雇用労働者と同じ受給要件を満たせば介護休業の申出をすることができる。

エ．会社は介護休業中の労働者に、原則として賃金を支払う必要はないが、その会社の就業規則や労働契約で取り決めがあれば、それに従わなければならない。

解説　介護休業

ア　正しい。「要介護状態」とは、負傷、疾病又は身体上若しくは精神上の障害により、厚生労働省令で定める期間にわたり常時介護を必要とする状態をいう（育児・介護休業法2条3号）。従って、本記述は正しい。

イ　正しい。労働者は、要介護状態にある対象家族を介護する場合において、要介護者1人につき、通算93日を限度として、3回まで介護のための休業をすることができる（育児・介護休業法11条2項）。従って、本記述は正しい。

ウ　誤り。「同じ受給要件を満たせば」が誤りである。有期雇用労働者が介護休業の申出をするには、**無期雇用労働者受給要件に加え、介護休業開始時において、当該事業主に引き続き雇用された期間が1年以上で、かつ、介護休業開始予定日から起算して93日を経過する日から6か月を経過する日までに、その労働契約（労働契約が更新される場合にあっては、更新後のもの）が満了することが明らかでないことが必要**である（育児・介護休業法11条1項ただし書）。従って、本記述は誤っている。

エ　正しい。会社は介護休業中の労働者に、原則として賃金を支払う必要はない（ノーワーク・ノーペイの原則）が、その会社の就業規則や労働契約で介護休業中に賃金の支払いを行うとの取り決めがあれば、それに従わなければならない。雇用保険制度からは、1支給単位期間について、休業開始時賃金日額に支給日数を乗じて得た額の67%に相当する介護休業給付金が支給されるが、支給単位期間に一定額を超える賃金が支払われた場合は介護休業給付金が調整される（雇用保険法61条の6、雇用保険法附則12条の2）。従って、本記述は正しい。

解答　ウ

問題 53. 日本の外国人労働者に関する次の文章中の（　）に入る適切な語句の組合せを、以下のアからエまでのうち1つ選びなさい。

> 我が国の外国人労働者数は増加傾向にあり、2017 年に約 128 万人となっている。かつては、（　a　）の在留資格を持った労働者の数が（　b　）の労働者を上回っていたが、2014 年を境に逆転している。
> 働き方改革実行計画では、（a）の外国人材については、我が国の経済社会の活性化に資することから、積極的に受け入れることが重要であり、外国人材にとっても魅力ある（　c　）等を整備していく必要があるとしている。

ア．a．専門的・技術的分野
　　b．資格外活動（留学など）　　c．住宅環境
イ．a．資格外活動（留学など）
　　b．専門的・技術的分野　　　　c．就労環境
ウ．a．資格外活動（留学など）
　　b．専門的・技術的分野　　　　c．住宅環境
エ．a．専門的・技術的分野
　　b．資格外活動（留学など）　　c．就労環境

解説　外国人労働者

　我が国の外国人労働者数は増加傾向にあり、2017年に約128万人となっている。かつては、(**a．専門的・技術的分野**)の在留資格を持った労働者の数が(**b．資格外活動(留学など)**)の労働者を上回っていたが、2014年を境に逆転している。

　働き方改革実行計画では、**専門的・技術的分野**の外国人材については、我が国の経済社会の活性化に資することから、積極的に受け入れることが重要であり、外国人材にとっても魅力ある(**c．就労環境**)等を整備していく必要があるとしている。

解答　エ

問題 54. 次の外国人労働者の雇用状況届出の期限に関する表中の（　）に入る適切な語句の組合せを、以下のアからエまでのうち1つ選びなさい。

外国人雇用状況の届出の期限

届出事由	外国人が雇用保険の被保険者の場合	外国人が雇用保険の被保険者でない場合
新たに外国人を雇い入れた	事実のあった日の属する月の（ a ）まで	雇入れ日又は離職日の属する月の（ c ）まで
雇用する外国人が離職した	事実のあった日の翌日から起算して（ b ）以内	

ア．a．翌月10日　　b．10日　　c．翌月末日
イ．a．翌月10日　　b．10日　　c．末日
ウ．a．末日　　　　b．翌月10日　c．末日
エ．a．末日　　　　b．翌月10日　c．翌月末日

|解説| 外国人労働者の雇用管理

　事業主は、新たに外国人を雇い入れた場合又はその雇用する外国人が離職した場合には、厚生労働省令で定めるところにより、その者の氏名、在留資格、在留期間その他厚生労働省令で定める事項について確認し、当該事項を厚生労働大臣に届け出なければならない（雇用対策法28条1項）。

外国人雇用状況の届出の期限

届出事由	外国人が雇用保険の被保険者の場合	外国人が雇用保険の被保険者でない場合
新たに外国人を雇い入れた	事実のあった日の属する月の翌月10日まで	雇入れ日又は離職日の属する月の翌月末日まで
雇用する外国人が離職した	事実のあった日の翌日から起算して10日以内	

|解答| ア

問題 55. 技能実習法に関する以下のアからエまでの記述のうち、最も<u>適切ではないもの</u>を1つ選びなさい。

ア．「技能実習生」とは、企業単独型技能実習生及び団体監理型技能実習生をいう。

イ．実習実施者は、技能実習の適正な実施及び技能実習生の保護について、技能実習を行わせる者としての責任を自覚し、基本理念にのっとり、技能実習を行わせる環境の整備に努めるとともに、国及び地方公共団体が講ずる施策に協力しなければならない。

ウ．技能実習は、技能等の適正な修得、習熟又は熟達のために整備され、かつ、技能実習生が技能実習に専念できるようにその保護を図る体制が確立された環境で行われなければならない。

エ．国は、労働力減少社会における成長戦略の一環として、技能実習を労働力の需給の調整の手段として行うことができる。

|解説| 外国人技能実習制度

ア 正しい。「技能実習生」とは、企業単独型技能実習生及び団体監理型技能実習生をいい、それぞれにつき、第1号技能実習生、第2号技能実習生、第3号技能実習生に分かれる（技能実習法2条1項後段）。従って、本記述は正しい。

イ 正しい。実習実施者は、技能実習の適正な実施及び技能実習生の保護について、技能実習を行わせる者としての責任を自覚し、基本理念にのっとり、技能実習を行わせる環境の整備に努めるとともに、国及び地方公共団体が講ずる施策に協力しなければならない（技能実習法5条1項）。従って、本記述は正しい。

ウ 正しい。技能実習は、技能等の適正な修得、習熟又は熟達のために整備され、かつ、技能実習生が技能実習に専念できるようにその保護を図る体制が確立された環境で行われなければならない（技能実習法3条1項）。従って、本記述は正しい。

エ 誤り。「技能実習は、**労働力の需給の調整の手段として行われてはならない**」（技能実習法3条2項）。従って、本記述は誤っている。

|解答　エ|

問題 56. 働く女性の現状に関する以下のアからエまでの記述のうち、最も適切ではないものを１つ選びなさい。

ア．平成 29 年の女性の労働力率を年齢階級（５歳階級）別にみると、「25～29 歳」と「45～49 歳」を左右のピークとし、「35～39 歳」を底とするM字型カーブを描いている。

イ．平成 29 年の女性就業者数は、前年に比べ増加しているが、従業上の地位別にみると、「雇用者」が女性の就業者総数に占める割合が約 9 割と一番多く、次に「自営業主」、「家族従業者」の順となっている。

ウ．平成 29 年の女性雇用者数（役員を除く）を形態別にみると、「正規の職員・従業員」、「非正規の職員・従業員」ともに前年に比べて人数が増加し、「正規の職員・従業員」の人数が「非正規の職員・従業員」の人数を上回った。

エ．平成 29 年上半期の女性一般労働者の入職率（年初の常用労働者に対する入職者の割合）が離職率（年初の常用労働者に対する離職者の割合）を上回り、入職超過となっている。

| 解説　働く女性の現状 |

ア　正しい。平成29年の女性の労働力率を年齢階級（5歳階級）別にみると、「25〜29歳」と「45〜49歳」を左右のピークとし、「35〜39歳」を底とするM字型カーブを描いている。従って、本記述は正しい。

イ　正しい。平成29年の女性就業者数は、前年に比べ増加しているが、従業上の地位別にみると、「雇用者」が女性の就業者総数に占める割合が約9割と一番多く、次に「自営業主」、「家族従業者」の順となっている。従って、本記述は正しい。

ウ　誤り。平成29年の女性雇用者数（役員を除く）を形態別にみると、「正規の職員・従業員」、「非正規の職員・従業員」ともに前年に比べて人数が増加し、「正規の職員・従業員」が1,114万人、「非正規の職員・従業員」が1,389万人となった。つまり、<u>「非正規の職員・従業員」の人数が「正規の職員・従業員」の人数を上回っている</u>。従って、本記述は誤っている。

エ　正しい。平成29年上半期の女性一般労働者の入職率（年初の常用労働者に対する入職者の割合、9.2％）が離職率（年初の常用労働者に対する離職者の割合、7.9％）を上回り、1.3ポイントの入職超過となっている。従って、本記述は正しい。

| 正解　ウ |

問題 57. 社会人の学び直し（リカレント教育）に関する以下のアからエまでの記述のうち、最も<u>適切ではない</u>ものを１つ選びなさい。

ア．自己啓発が労働者に与える効果として、労働者の生産性が上昇することで、賃金が上昇する効果や、非就業者の就業確率が上昇する効果等が考えられる。

イ．自己啓発を実施した労働者の処遇がどの程度変化するか企業に調査したところ、6割程度の企業が何らかの考慮を行っていると答えた。

ウ．大学等で実際に学び直しを行っている社会人学生に対し、学び直しを通して習得したい知識・技能・資格等について調査したところ、専門的知識を得たいとする回答割合が約7割と最も高くなっている。

エ．日本における25～64歳のうち大学等の機関で教育を受けている者の割合をOECD諸国で比較すると、日本の割合は英国、アメリカ、OECD平均と比較して大きく上回っている。

|解説| リカレント教育の現状

ア 正しい。自己啓発が労働者に与える効果として、労働者の生産性が上昇することで、賃金が上昇する効果や、非就業者の就業確率が上昇する効果等が考えられる。従って、本記述は正しい。

イ 正しい。自己啓発を実施した労働者の処遇がどの程度変化するか企業に調査したところ、6割程度の企業が何らかの考慮を行っていると答えた。従って、本記述は正しい。

ウ 正しい。大学等で実際に学び直しを行っている社会人学生に対し、学び直しを通して習得したい知識・技能・資格等について調査したところ、専門的知識を得たいとする回答割合が約7割と最も高くなっている。従って、本記述は正しい。

エ 誤 り。日本においては、様々な効果が期待されるのにもかかわらず、通学等での学び直しを行っている人の割合は、他国と比べても少ない。25～64歳のうち大学等の機関で教育を受けている者の割合をOECD諸国で比較すると、日本の割合は2.4%と、英国の16%、アメリカの14%、OECD平均の11%と比較して大きく下回っており、データが利用可能な28か国中で最も低い水準になっている。従って、本記述は誤っている。

|解答| エ

問題 58. セクシュアルハラスメントに関する以下のアからエまでの記述のうち、最も適切ではないものを1つ選びなさい。

ア．勤務時間外の宴会なども、実質上職務の延長線上と考えられるものは「職場」に該当するが、その判断に当たっては、職務との関連性、参加者、参加が強制的か任意かといったことを考慮して個別に行う必要がある。

イ．違法なセクシュアルハラスメントについて、使用者は、労働者の安全に配慮する義務や職場環境配慮義務を負っているとされているから、これらの義務を怠った場合には、債務不履行責任を問われる。

ウ．男女雇用機会均等法において、セクシュアルハラスメントは、厚生労働大臣の行政指導に加え、企業名の公表制度の対象とされ、また都道府県労働局長による紛争解決の援助の対象ともされている。

エ．「対価型セクシュアルハラスメント」とは、職場において行われる労働者の意に反する性的な言動により労働者の就業環境が不快なものとなったため、能力の発揮に重大な悪影響が生じる等当該労働者が就業する上で看過できない程度の支障が生じることである。

|解説| セクシュアルハラスメント

ア 正しい。勤務時間外の「宴会」などであっても、実質上職務の延長と考えられるものは「職場」に該当し、その判断に当たっては、職務との関連性、参加者、参加が強制的か任意かといったことを考慮して個別に行う必要がある。従って、本記述は正しい。

イ 正しい。使用者は、労務を提供する労働者に対して、対価として賃金を支払う義務の他に付随義務として、労働契約上の信義則に基づいた安全配慮義務（労働契約法5条）や職場環境配慮義務を負う。そのため、使用者が労働契約の内容である義務（本旨に従った債務）を怠った（履行しなかった）ときは、債務不履行による損害賠償責任に問われる（民法415条）。従って、本記述は正しい。

ウ 正しい。セクシュアルハラスメントは、厚生労働大臣の行政指導（男女雇用機会均等法29条1項）に加え、企業名の公表制度の対象（同法30条）とされ、また都道府県労働局長による紛争解決の援助の対象ともされている（同法16条）。従って、本記述は正しい。

エ 誤り。「対価型セクシュアルハラスメント」とは、労働者の意に反する性的な言動に対する労働者の対応（拒否や抵抗）により、解雇、降格、減給などの不利益を受けることである。**本記述の内容は、「環境型セクシュアルハラスメント」** に関する記述である。従って、本記述は誤っている。

|解答| エ

問題 59. 男女雇用機会均等法に関する以下のアからエまでの記述のうち、最も適切ではないものを1つ選びなさい。

ア．男女雇用機会均等法は、労働者が性別により差別されることなく、また、女性労働者にあっては母性を尊重されつつ、充実した職業生活を営むことができるようにすることをその基本的理念とする。

イ．男女雇用機会均等法は、労働者を募集又は採用する際に、労働者の身長、体重又は体力に関する事由を要件とするものは、間接差別に該当することから禁止している。

ウ．男女雇用機会均等法は、事業主が女性労働者を解雇した理由が妊娠または出産をしたこと、あるいは産前産後休業を取得したこと等の事由でないことを証明した場合を除き、妊娠中の女性労働者及び出産後2年を経過しない女性労働者に対してなされた解雇は無効と規定している。

エ．男女雇用機会均等法は、事業主は、女性労働者が婚姻し、妊娠し、又は出産したことを退職理由として予定する定めをしてはならないと規定している。

|解説　男女雇用機会均等法|

ア　正しい。男女雇用機会均等法は、労働者が性別により差別されることなく、また、女性労働者にあっては母性を尊重されつつ、充実した職業生活を営むことができるようにすることをその基本的理念とする（男女雇用機会均等法2条1項）。従って、本記述は正しい。

イ　正しい。男女雇用機会均等法は、労働者を募集又は採用する際に、労働者の身長、体重又は体力に関する事由を要件とするものは、間接差別に該当することから禁止している（男女雇用機会均等法7条、則2条1号）。従って、本記述は正しい。

ウ　誤　り。妊娠中の女性労働者及び出産後**1年**を経過しない女性労働者に対してなされた解雇は、無効とする。ただし、事業主が当該解雇が妊娠・出産したこと、産前産後休業（労働基準法65条1項）をしたことを理由とする解雇でないことを証明したときは、この限りでない（男女雇用機会均等法9条4項）。従って、本記述は誤っている。

エ　正しい。男女雇用機会均等法は、事業主は、女性労働者が婚姻し、妊娠し、又は出産したことを退職理由として予定する定めをしてはならないと規定している（男女雇用機会均等法9条1項）。従って、本記述は正しい。

|解答　ウ|

問題 60. 労働基準法における女性の母性保護に関する以下のアからエまでの記述のうち、最も適切ではないものを1つ選びなさい。

ア．生後満1年に達しない生児を育てる女性は、通常の休憩時間のほか、1日2回各々少なくとも30分、その生児を育てるための時間を請求することができる。

イ．使用者は、妊娠中の女性及び産後1年を経過しない女性（妊産婦）を、重量物を取り扱う業務、有害ガスを発散する場所における業務その他妊産婦の妊娠、出産、哺育等に有害な業務に就かせてはならない。

ウ．産前産後の休業は、女性の母性保護を目的として、本人が就業を希望しても使用者が必ず与えなければならない強制休業である。

エ．使用者は、妊産婦が請求した場合においては、変形労働時間制が適用される事業場であっても、1週間について40時間、1日について8時間を超えて労働させることはできない。

|解説| 女性の母性保護

- ア 正しい。生後満1年に達しない生児を育てる女性は、第34条の休憩時間のほか、1日2回各々少なくとも30分、その生児を育てるための時間を請求することができる（労働基準法67条1項）。従って、本記述は正しい。

- イ 正しい。使用者は、妊娠中の女性及び産後1年を経過しない女性（以下「妊産婦」という。）を、重量物を取り扱う業務、有害ガスを発散する場所における業務その他妊産婦の妊娠、出産、哺育等に有害な業務に就かせてはならない（労働基準法64条の3第1項）。従って、本記述は正しい。

- ウ 誤り。<u>産前の休業は本人の請求をまって与えられる休業</u>であるため、請求がなければ与えなくても良い（労働基準法65条1項）。これに対し、<u>産後の休業は、本人の請求の有無を問わず与えられなければならず、また本人が就業を希望しても与えられなければならない強制休業</u>である。ただし、産後6週間を経過した女性が請求した場合において、その者について医師が支障がないと認めた業務に就かせることは、差し支えない（労働基準法65条2項）。従って、本記述は誤っている。

- エ 正しい。使用者は、妊産婦が請求した場合においては、変形労働時間制（労働基準法32条の2、32条の4、32条の5）によっても1週・1日の法定労働時間（労働基準法32条1項・2項）を超える労働をさせてはならない（労働基準法66条1項）。従って、本記述は正しい。

|解答| ウ

問題 61. 若者雇用促進法に関する以下のアからエまでの記述のうち、最も適切ではないものを1つ選びなさい。

ア．全て青少年は、将来の経済及び社会を担う者であることに鑑み、青少年が、その意欲及び能力に応じて、充実した職業生活を営むとともに、有為な職業人として健やかに成育するように配慮されるものとする。

イ．新規学校卒業者の募集・求人申込みを行う事業主は、青少年雇用情報を提供するよう努めなければならず、応募者、応募の検討を行っている者から求めがあった場合は、積極的に青少年雇用情報を提供するよう努めなければならない。

ウ．国は、青少年の職業能力の開発及び向上を図るため、地方公共団体その他の関係者と連携し、青少年に対して、職業訓練の推進、職業能力検定の活用の促進、キャリアコンサルタントによる相談の機会の付与、職務経歴等記録書の普及の促進その他必要な措置を総合的かつ効果的に講ずるように努めなければならない。

エ．国は、学校と協力して、その学生又は生徒に対し、職業生活において必要な労働に関する法令知識を付与するように努めなければならない。

|解説| 若者雇用促進法

ア　正しい。全て青少年は、将来の経済及び社会を担う者であることに鑑み、青少年が、その意欲及び能力に応じて、充実した職業生活を営むとともに、有為な職業人として健やかに成育するように配慮されるものとする（若者雇用促進法2条）。従って、本記述は正しい。

イ　誤り。新規学校卒業者の募集・求人申込みを行う事業主は、積極的に青少年雇用情報を提供するよう努めるとともに、応募者、応募の検討を行っている者から求めがあった場合は、青少年雇用情報を**提供しなければならない**（若者雇用促進法14条）。従って、本記述は誤っている。

ウ　正しい。国は、青少年の職業能力の開発及び向上を図るため、地方公共団体その他の関係者と連携し、青少年に対して、職業訓練の推進、職業能力検定の活用の促進、キャリアコンサルタントによる相談の機会の付与、職務経歴等記録書の普及の促進その他必要な措置を総合的かつ効果的に講ずるように努めなければならない（若者雇用促進法21条）。従って、本記述は正しい。

エ　正しい。国は、学校と協力して、その学生又は生徒に対し、職業生活において必要な労働に関する法令に関する知識を付与するように努めなければならない（若者雇用促進法26条）。従って、本記述は正しい。

解答　イ

問題 62. 次の図は、「転職支援に関する行政への要望」に関する調査結果として、回答率の高かった項目を順に並べたものである。図中の（　）に入る適切な語句の組合せを、以下のアからエまでのうち1つ選びなさい。

ア．a．より多くの求人情報の提供
　　b．個人の職業能力を診断・認定する資格制度の充実

イ．a．より多くの求人情報の提供
　　b．職業紹介サービスの充実

ウ．a．職業能力開発（教育・訓練）のサービスの充実
　　b．より多くの求人情報の提供

エ．a．個人の職業能力を診断・認定する資格制度の充実
　　b．職業能力開発（教育・訓練）のサービスの充実

|解説| 転職支援に関する行政への要望

　転職支援に関する行政への要望（2つまでの複数回答）をみると、「より多くの求人情報の提供」が32.1%で最も高く、次いで「企業年金・退職金が不利にならないような制度の改善」が30.5%、「職業紹介サービスの充実」が25.7%となっている。その他では「職業能力開発（教育・訓練）のサービスの充実」が14.8%、「個人の職業能力を診断・認定する資格制度の充実」が12.6%となっている。

|解答| イ

問題 63. 次の図は、平成 28 年度に正社員の中途採用を実施した企業における正社員の中途採用を実施する主な理由に関する調査結果として、回答率の高かった項目を順に並べたものである。図中の（　）に入る適切な語句の組合せを、以下のアからエまでのうち１つ選びなさい。

ア．a．専門分野の高度な知識やスキルを持つ人が欲しいから
　　b．新卒採用だけでは補充できないから
イ．a．専門分野の高度な知識やスキルを持つ人が欲しいから
　　b．顧客層に合った人材が欲しいから
ウ．a．新卒採用だけでは補充できないから
　　b．専門分野の高度な知識やスキルを持つ人が欲しいから
エ．a．新卒採用だけでは補充できないから
　　b．顧客層に合った人材が欲しいから

| 解説 | 正社員の中途採用を実施する主な理由 |

> 平成28年度に正社員の中途採用を実施した企業合計では、正社員の中途採用を実施する主な理由は、「専門分野の高度な知識やスキルを持つ人が欲しいから」(約53.9%)が最も多く、次いで「新卒採用だけでは補充できないから」(約35.3%)となっている。

| 解答 | ア |

問題 64. 次の図は、企業がフリーランス等の外部人材の活用にあたって、国の政策として充実してほしい分野に関する調査結果として、回答率が高かった項目を順に並べたものである。図中の（　）に入る適切な語句の組合せを、以下のアからエまでのうち1つ選びなさい。

ア．a．スキルの見える化など、能力資格等の整備
　　b．業務仲介機能の充実
イ．a．スキルの見える化など、能力資格等の整備
　　b．適切な市場ルールの整備
ウ．a．適切な市場ルールの整備
　　b．業務仲介機能の充実
エ．a．適切な市場ルールの整備
　　b．スキルの見える化など、能力資格等の整備

|解説| フリーランス人材の活用促進要素

フリーランス人材の活用促進要素としては、「スキルの見える化など、能力資格等の整備」（29.1％）が最も高く、ついで「適切な市場ルールの整備」（21.8％）、「教育訓練に対する支援・助成」（14.6％）、「活用にあたってのセミナー」（14.1％)、「契約手続き等の緩和」（14.1％）となっている。

|解答| イ

問題 65. 次の図は、高齢期の就業希望理由に関する調査の結果を示したものである。図中の（　）に入る適切な語句の組合せを、以下のアからエまでのうち1つ選びなさい。

ア．a．生きがい、社会参加のため
　　b．健康上の理由
イ．a．生きがい、社会参加のため
　　b．家庭とは違った役割を持ちたいため
ウ．a．健康上の理由
　　b．生きがい、社会参加のため
エ．a．健康上の理由
　　b．家庭とは違った役割を持ちたいため

| 解説 | 高齢期の就業希望理由 |

　高齢期の就業希望理由について、年齢別にみると、年齢が低くなるほど「経済上の理由」をあげる割合が高く、年齢が高くなるほど「生きがい、社会参加のため」「健康上の理由」をあげる割合が高い。中でも 70 代の回答者の調査結果は、「生きがい、社会参加のため」58.3%、「経済上の理由」44.6%となり、「生きがい、社会参加のため」の回答率が「経済上の理由」の回答率を大きく上回った。

| 解答 | ア |

問題 66. 高年齢者雇用安定法に関する以下のアからエまでの記述のうち、最も適切ではないものを１つ選びなさい。

ア．高年齢者雇用安定法によれば、65 歳未満の定年の定めをしている事業主は、当該定年の引上げ、再就職支援のいずれかの措置を講じなければならないとされている。

イ．高年齢者雇用安定法は、事業主が定年の定めをする場合、当該定年は、原則として、60 歳を下回ることができないと規定している。

ウ．事業主は、労働者の募集及び採用をする場合において、やむを得ない理由により一定の年齢を下回ることを条件とするときは、求職者に対し、厚生労働省令で定める方法により、当該理由を示さなければならない。

エ．事業主は、解雇等により離職が予定されている高年齢者等の従業員が希望するときは、求職活動支援書を作成し、本人に交付しなければならない。

|解説| 高年齢者雇用安定法

ア　誤　り。高年齢者雇用安定法は、65歳未満の定年の定めをしている事業主は、その雇用する高年齢者の65歳までの安定した雇用を確保するため、当該定年の引上げ・**継続雇用制度の導入・当該定年の定めの廃止**のいずれかの措置を講じなければならない（高年齢者雇用確保措置）と規定している（高年齢者雇用安定法9条）。従って、本記述は誤っている。

イ　正しい。高年齢者雇用安定法は、事業主が定年の定めをする場合、当該定年は、原則として、60歳を下回ることができないと規定している。ただし、当該事業主が雇用する労働者のうち、高年齢者が従事することが困難であると認められる業務として厚生労働省令で定める業務に従事している労働者については、この限りでない（高年齢者雇用安定法8条）。従って、本記述は正しい。

ウ　正しい。事業主は、労働者の募集及び採用をする場合において、やむを得ない理由により一定の年齢（65歳以下のものに限る）を下回ることを条件とするときは、求職者に対し、厚生労働省令で定める方法により、当該理由を示さなければならない（高年齢者雇用安定法20条1項）。従って、本記述は正しい。

エ　正しい。事業主は、解雇等により離職が予定されている高年齢者等の従業員が希望するときは、求職活動支援書（高年齢者雇用安定法施行規則6条の3第8項）を作成し、本人に交付しなければならない（同法17条1項）。従って、本記述は正しい。

|解答　ア|

問題 67. 職業選択の自由と採用の自由に関する以下のアからエまでの記述のうち、最も適切ではないものを１つ選びなさい。

ア．憲法 22 条１項は、「何人も、公共の福祉に反しない限り、居住、移転及び職業選択の自由を有する」として、基本的人権としての職業選択の自由を保障する。

イ．「職業選択の自由」は、自己の従事する職業を決定する自由を意味しており、これには、自己の選択した職業を遂行する自由（営業の自由）も含まれるものと考えられている。

ウ．企業者は、契約締結の自由を有し、自己の営業のために労働者を雇用するにあたり、いかなる者を雇い入れるか、いかなる条件でこれを雇うかについて、法律その他による特別の制限がない限り、原則として自由にこれを決定することができる。

エ．企業者が、労働者の採否決定にあたり、労働者の思想、信条を調査する行為は、当該労働者の思想、信条の自由に対して影響を与える可能性があるため、企業者の当該行為は法的に許されることはない。

|解説| 職業選択の自由と採用の自由

ア　正しい。「何人も、公共の福祉に反しない限り、居住、移転及び職業選択の自由を有する」（憲法22条1項）。従って、本記述は正しい。

イ　正しい。「職業選択の自由」は、自己の従事する職業を決定する自由を意味しており、これには、自己の選択した職業を遂行する自由（「営業の自由」）も含まれるものと考えられている（憲法22条1項）。従って、本記述は正しい。

ウ　正しい。判例は、「憲法は、思想、信条の自由や法の下の平等を保障すると同時に、他方、22条、29条等において、財産権の行使、営業その他広く経済活動の自由をも基本的人権として保障している。それゆえ、企業者は、かような経済活動の一環としてする契約締結の自由を有し、自己の営業のために労働者を雇用するにあたり、いかなる者を雇い入れるか、いかなる条件でこれを雇うかについて、法律その他による特別の制限がない限り、原則として自由にこれを決定することができるのであって、企業者が特定の思想、信条を有する者をそのゆえをもって雇い入れることを拒んでも、それを当然に違法とすることはできないのである。」としている（三菱樹脂採用拒否事件、最大判昭48.12.12）。従って、本記述は正しい。

エ　誤り。判例は、「企業者が雇用の自由を有し、思想、信条を理由として雇入れを拒んでもこれを目して違法とすることができない以上、**企業者が、労働者の採否決定にあたり、労働者の思想、信条を調査し、そのためその者からこれに関連する事項についての申告を求めることも、これを法律上禁止された違法行為とすべき理由はない。**」と述べた上で、「被上告人の思想、信条そのものについてではなく、直接には被上告人の過去の行動についてされたものであり、ただその行動が被上告人の思想、信条となんらかの関係があることを否定できないような性質のものであるというにとどまるとすれば、なおさらこのような調査を目して違法とすることはできない」としている（三菱樹脂採用拒否事件、最大判昭48.12.12）。従って、本記述は誤っている。

|解答　エ|

問題 68. 労働契約法における労働契約に関する以下のアからエまでの記述のうち、最も適切なものを１つ選びなさい。

ア．労働者及び使用者は、労働契約の内容（期間の定めのある労働契約に関する事項を含む）について、必ず書面により確認しなければならない。

イ．労働契約法は、労働者および使用者が対等な立場での自主的交渉において合意することによって締結し、または変更されるべきであるという合意の原則を宣明している。

ウ．労働者及び使用者が労働契約を締結する場合において、使用者が就業規則によって合理的な労働条件を定めているときは、その就業規則を労働者に周知させていたか否かにかかわらず、労働契約の内容は、その就業規則で定める労働条件によるものとする。

エ．使用者が優越的な立場で指揮命令権、業務命令権、人事権などを行使する労働関係においては、権限行使の行き過ぎを抑制するために信義誠実の原則が発達し、労働契約法はその旨の規定をしている。

解説　労働契約

ア　誤り。「必ず書面により」が誤りであり、正しくは「できる限り書面により」である。労働者及び使用者は、労働契約の内容（期間の定めのある労働契約に関する事項を含む）について、<u>できる限り</u>書面により確認するものとする（労働契約法4条2項）。従って、本記述は誤っている。

イ　正しい。労働契約法は、まず、労働者および使用者が対等な立場での自主的交渉において合意することによって締結し、変更されるべきである、という合意の原則を宣明する（労働契約法3条1項、なお1条参照）。従って、本記述は正しい。

ウ　誤り。「労働者及び使用者が労働契約を締結する場合において、使用者が合理的な労働条件が定められている就業規則を労働者に<u>周知させていた場合</u>には、労働契約の内容は、その就業規則で定める労働条件によるものとする」と規定している（労働契約法7条）。就業規則に労働契約の内容を規律する効力を与えるためには、法規範として当該事業場において周知させていたことが必要であるという趣旨である。従って、本記述は誤っている。

エ　誤り。使用者が優越的な立場で指揮命令権、業務命令権、人事権、懲戒権、解雇権などを行使する労働関係においては、権限行使の行き過ぎを抑制する法理として<u>権利濫用法理</u>が発達し、労働契約法3条5項で権利濫用禁止の原則を規定した。従って、本記述は誤っている。

解答　イ

問題 69. 労働契約における労働者と使用者の権利・義務に関する以下のアからエまでの記述のうち、最も適切ではないものを1つ選びなさい。

ア．労働者が労働義務または付随的義務に違反して使用者に損害を与えた場合には、債務不履行または不法行為に基づく損害賠償責任を負うこととなる。

イ．人事権は、法律で定義されている権限ではないが、使用者は、労働契約に基づき、人事権を有していると解されている。

ウ．労働者は、労働契約の終了後も、使用者の利益を損なう可能性があるため、一般的には、労働契約の存続中と同様に競業避止義務を負う。

エ．使用者は、労務を提供する労働者に対して報酬として賃金を支払う義務のほかに付随義務として労働者の契約上の信義則に基づいた安全や健康管理等の配慮義務を負う。

|解説| 労働者と使用者の権利義務

ア 正しい。労働者が労働義務または付随的義務に違反して使用者に損害を与えた場合、債務不履行に基づく損害賠償責任を負う（民法415条・416条）。労働者の行為が不法行為（民法709条）の要件を満たせば、損害賠償責任を負う。従って、本記述は正しい。

イ 正しい。人事権とは、法律で直接定義されている権利ではないが、使用者は、労働契約に基づき、労働者の採用、配置、異動（配転）、人事考課、昇進・昇格・降格、求職、解雇などを行う権利を有すると解される。従って、本記述は正しい。

ウ 誤 り。競業避止義務特約を定めていない場合、退職後の労働者には、職業選択の自由と営業の自由がある（憲法22条1項）ので、労働契約存続中のように**一般的に競業避止義務を認めることはできない**。競業避止義務特約を定めている場合においても、判例は、「退職後の秘密保持義務の合理性を前提に、期間、区域、職種、使用者の利益の程度、労働者の不利益の程度、労働者への代償の有無等の諸般の事情を総合して合理的な制限の範囲にとどまっているときに限り、公序良俗に反せず無効とは言えないと解される」としている（東京地判平14.8.30）。従って、本記述は誤っている。

エ 正しい。使用者は、労務を提供する労働者に対して報酬として賃金を支払う義務（民法623条）のほかに付随義務として労働者の契約上の信義則に基づいた安全や健康管理等の配慮義務を負う（労働契約法5条）。従って、本記述は正しい。

|解答| ウ

問題 70. 労働基準法における労働者の人権保障に関する以下のアからエまでの記述のうち、最も<u>適切</u>なものを1つ選びなさい。

ア．労働基準法6条は、何人も、法律に基いて許される場合の外、業として他人の就業に介入して利益を得てはならないと規定しているが、その規制の対象は事業主に限られる。

イ．労働基準法3条は、使用者が労働者を雇い入れる際に、当該労働者の国籍、信条又は社会的身分を理由として、賃金、労働時間その他の労働条件について差別的取扱いをしてはならないと規定している。

ウ．労働基準法7条は、使用者は、原則として、労働者が労働時間中に、選挙権その他公民としての権利を行使し、又は公の職務を執行するために必要な時間を請求した場合において、拒んではならないと規定している。

エ．労働基準法4条は、使用者は、労働者が女性であることを理由として、賃金、労働時間その他の労働条件について、男性と差別的取扱いをしてはならないと規定している。

> 解説　労働者の人権保障

ア　誤り。「何人も、法律に基いて許される場合の外、業として他人の就業に介入して利益を得てはならない」（労働基準法6条）。労働関係の外にある第三者が、労働関係の存続に介入し、いわゆるピンハネ等の不当な賃金搾取を行うことを禁止するための規定であるが、「何人」には、事業を営む**事業主だけではなく、個人、団体も含まれる**。従って、本記述は誤っている。

イ　誤り。「使用者は、労働者の国籍、信条又は社会的身分を理由として、賃金、労働時間その他の労働条件について、差別的取扱をしてはならない（労働基準法3条）」と規定されており、当該理由は、限定列挙である。また、**差別的取扱を禁止しているのは雇入れ後**である（三菱樹脂採用拒否事件、最大判昭48.12.12）。従って、本記述は誤っている。

ウ　正しい。労働基準法7条は、使用者は、原則として、労働者が労働時間中に、選挙権その他公民としての権利を行使し、又は公の職務を執行するために必要な時間を請求した場合において、拒んではならないと規定している。従って、本記述は正しい。

エ　誤り。労働基準法4条は、使用者は、労働者が女性であることを理由として、賃金について、男性と差別的取扱いをしてはならないと規定しているが、**この条文で差別的取扱いが禁止されているのは、賃金のみ**となっている。従って、本記述は誤っている。

解答　ウ

問題 71. 就業規則に関する以下のアからエまでの記述のうち、最も適切ではないものを1つ選びなさい。

ア．労働基準法は、常時10人以上の労働者を使用する使用者は、就業規則を作成し、行政官庁に届け出なければならないと規定しているが、ここでいう「常時10人以上の労働者を使用する」には、通常は8人であって、繁忙期の時だけさらに2、3人の労働者を雇い入れるような場合は含まれない。

イ．判例は、労働条件の集合的処理、特にその統一的かつ画一的な決定を建前とする就業規則の性質からいって、当該規則条項が合理的なものであるかぎり、個々の労働者において、これに同意しないことを理由として、その適用を拒否することは許されないとしている。

ウ．使用者は、就業規則の作成又は変更について、当該事業場に、労働者の過半数で組織する労働組合がある場合においてはその労働組合、労働者の過半数で組織する労働組合がない場合においては労働者の過半数を代表する者の意見を聴かなければならない。

エ．常時10人以上の労働者を使用する使用者は就業規則を作成する義務を負うが、週の所定労働日数が1日のパートタイム労働者は、この労働者数の算定に含まれない。

[解説] 就業規則

ア 正しい。労働基準法は、常時10人以上の労働者を使用する使用者は、就業規則を作成し、行政官庁に届け出なければならないと規定している（労働基準法89条）が、ここでいう「常時10人以上の労働者を使用する」には、通常は8人であって、繁忙期の時だけさらに2、3人の労働者を雇い入れるような場合は含まれない。従って、本記述は正しい。

イ 正しい。判例は、労働条件の集合的処理、特にその統一的かつ画一的な決定を建前とする就業規則の性質からいつて、当該規則条項が合理的なものであるかぎり、個々の労働者において、これに同意しないことを理由として、その適用を拒否することは許されないとしている（最判昭43.12.25秋北バス事件）。従って、本記述は正しい。

ウ 正しい。使用者は、就業規則の作成又は変更について、当該事業場に、労働者の過半数で組織する労働組合がある場合においてはその労働組合、労働者の過半数で組織する労働組合がない場合においては労働者の過半数を代表する者の意見を聴かなければならない（労働基準法90条）。従って、本記述は正しい。

エ 誤り。「労働者」とは、職業の種類を問わず、事業又は事務所に使用される者で、賃金を支払われる者（労働基準法9条）をいうことから、就業規則の作成にかかる**「常時10人以上の労働者」から、パートタイム労働者は除外されていない**（同法89条）。従って、本記述は誤っている。

解答 エ

問題 72. 就業規則の記載事項に関する以下のアからエまでの記述のうち、最も適切ではないものを1つ選びなさい。

ア．安全衛生に関する事項は、相対的必要記載事項とされている。

イ．退職に関する事項（解雇の事由を含む）は、相対的必要記載事項とされている。

ウ．労働者を2組以上に分けて交替に就業させる場合、就業時転換に関する事項は絶対的必要記載事項とされている。

エ．昇給に関する事項は、絶対的必要記載事項とされている。

解説　就業規則の記載事項

就業規則に記載する内容には、必ず記載しなければならない事項（絶対的必要記載事項）と、当該事業場で定めをする場合に記載しなければならない事項（相対的必要記載事項）がある（労働基準法89条、H11.3.31基発168号）。

・絶対的必要記載事項
　①始業及び終業の時刻、休憩時間、休日、休暇並びに交替制の場合には就業時転換に関する事項
　②賃金の決定、計算及び支払の方法、賃金の締切り及び支払の時期並びに昇給に関する事項
　③退職に関する事項（解雇の事由を含む。）

・相対的必要記載事項
　①退職手当に関する事項
　②臨時の賃金（賞与）、最低賃金額に関する事項
　③食費、作業用品などの負担に関する事項
　④安全衛生に関する事項
　⑤職業訓練に関する事項
　⑥災害補償、業務外の傷病扶助に関する事項
　⑦表彰、制裁に関する事項
　⑧その他全労働者に適用される事項

ア　正しい。安全衛生に関する事項は、相対的必要記載事項とされている（労働基準法89条6号、H11.3.31基発168号）。従って、本記述は正しい。

イ　誤り。退職に関する事項（解雇の事由を含む）は、相対的必要記載事項とされておらず**絶対的必要記載事項**とされている（労働基準法89条3号、H11.3.31基発168号）。従って、本記述は誤っている。

ウ　正しい。労働者を2組以上に分けて交替に就業させる場合において、就業時転換に関する事項は、絶対的必要記載事項とされている（労働基準法89条1号後半部分、H11.3.31基発168号）。従って、本記述は正しい。

エ　正しい。賃金（臨時の賃金等を除く）の決定、計算及び支払の方法、賃金の締切り及び支払の時期並びに昇給に関する事項は、絶対的必要記載事項とされている（法89条2号、H11.3.31基発168号）従って、本記述は正しい。

解答　イ

問題 73. 賃金の支払に関する諸原則について、以下のアからエまでの記述のうち、最も適切ではないものを1つ選びなさい。

ア．「直接払の原則」とは、賃金は直接労働者に支払われなければならないという原則であるが、親権者などの法定代理人や労働者の任意代理人に支払うことは適法とされている。

イ．「毎月払の原則、一定の期日払の原則」とは、賃金は毎月1回以上、一定の期日を定めて支払わなければならないという原則であるが、臨時に支払われる金銭や賞与などは、この限りではない。

ウ．「全額払の原則」とは、賃金は所定支払日に支払うことが確定している全額を支払わなければならないとする原則であるが、法令に別段の定めがある場合又は労使協定がある場合には、賃金の一部を控除できる。

エ．「通貨払の原則」とは、賃金は「通貨」で支払われなければならないという原則であるが、労働協約に別段の定めがある場合には、現物支給も許される。

|解説　賃金の支払に関する諸原則|

ア　誤り。「直接払の原則」とは、賃金は労働者に対して直接支払わなければならないとする原則のことをいう（労働基準法24条1項）。賃金の支払いにおいては、直接払いの原則により、**労働者の任意代理人はもとより、親権者などの法定代理人に賃金を支払うことも禁止されている。**
なお、「使者」に対する賃金の支払（病気中に配偶者に取りに行かせるなど）は適法とされている（S63.3.14基発150号）。
従って、本記述は誤っている。

イ　正しい。「毎月払の原則、一定の期日払の原則」とは、賃金は毎月1回以上、一定の期日を定めて支払わなければならないという原則であるが、臨時に支払われる金銭や賞与などは、この限りではない（労働基準法24条2項）。従って、本記述は正しい。

ウ　正しい。「全額払の原則」とは、賃金は所定支払日に支払うことが確定している全額を支払わなければならないとする原則であるが、法令に別段の定めがある場合又は労使協定がある場合には、賃金の一部を控除できる（労働基準法24条1項）。従って、本記述は正しい。

エ　正しい。「通貨払の原則」とは、賃金は「通貨」で支払われなければならないという原則であるが、労働協約に別段の定めがある場合には、現物支給も許される（労働基準法24条1項）。従って、本記述は正しい。

解答　ア

問題 74. 休憩時間に関する以下のアからエまでの記述のうち、最も適切ではないものを1つ選びなさい。

ア．使用者は、所定労働時間が6時間である労働者には、少なくとも45分の休憩時間を労働時間の途中に与えなければならない。

イ．休憩時間とは、単に作業に従事しない手待時間を含まず、労働者が権利として労働から離れることを保障する時間のことである。

ウ．製造業に属する事業場において、休憩時間は、原則として、一斉に与えなければならないが、当該事業場に労働者の過半数で組織する労働組合がある場合においてはその労働組合、労働者の過半数で組織する労働組合がない場合においては労働者の過半数を代表する者との書面による協定があるときは、使用者は、交代で休憩を与えることができる。

エ．労働基準法は、休憩時間は自由に利用させなければならないと規定しているが、休憩時間の利用について事業場の規律保持上必要な制限を加えることは、休憩の目的を害わない限り差支えないとするのが、行政解釈である。

解説　休憩時間

ア　誤り。使用者は、労働時間が6時間を**超える場合**においては少なくとも45分の休憩時間を労働時間の途中に与えなければならない（労働基準法34条1項）。従って、本記述は誤っている。

イ　正しい。休憩時間とは、単に作業に従事しない手待時間を含まず、労働者が権利として労働から離れることを保障する時間のことである（労働基準法34条、昭22.9.13基発17号）。従って、本記述は正しい。

ウ　正しい。休憩時間は、原則として、一斉に与えなければならないが、当該事業場に労働者の過半数で組織する労働組合がある場合においてはその労働組合、労働者の過半数で組織する労働組合がない場合においては労働者の過半数を代表する者との書面による協定があるときは、使用者は、交代で休憩を与えることができる（労働基準法34条2項）。従って、本記述は正しい。

エ　正しい。労働基準法34条3項は、休憩時間は自由に利用させなければならないと規定しているが、「休憩時間の利用について事業場の規律保持上必要な制限を加えることは、休憩の目的を害わない限り差支えない」とするのが、行政解釈である（昭22.9.13基発17号）。従って、本記述は正しい。

解答　ア

問題 75. 時間外・休日労働に関する以下のアからエまでの記述のうち、最も適切ではないものを1つ選びなさい。

ア．休日とは、暦日を指し午前零時から午後12時までの休業とされていることから、起算点を問わない単なる24時間の連続休業は、休日とされない。

イ．臨時的に限度時間を超えて時間外労働を行わなければならない特別の事情が予想される場合には、特別条項付き36協定を結ぶことにより、従来の限度時間を超える一定の時間を延長時間とすることができる。

ウ．労働基準法36条の協定の締結・届出は、使用者に対し法定労働時間と週休制の違反を免れさせる効力を有し、かつ個々の労働者に対し協定上定められた時間外・休日労働を義務付ける効力を有する。

エ．週休日をどの日に位置づけるかについて、労働基準法は特に義務付けておらず、休日は日曜日である必要はなく、また国民の祝祭日を休日とすることも、法は格別要請していない。

|解説| 時間外・休日労働

- ア 正しい。休日とは、暦日を指し午前零時から午後 12 時までの休業とされていることから、起算点を問わない単なる 24 時間の連続休業は、休日とされない（労働基準法 35 条 1 項、昭 23.4.5 基発 535 号）。従って、本記述は正しい。

- イ 正しい。臨時的に限度時間を超えて時間外労働を行わなければならない特別の事情が予想される場合には、特別条項付き 36 協定を結ぶことにより、従来の限度時間を超える一定の時間を延長時間とすることができる (時間外労働の限度に関する基準 3 条 1 項)。従って、本記述は正しい。

- ウ 誤り。労働基準法 36 条の協定の締結・届出は、使用者に対し法定労働時間と週休制の違反を免れさせる効力を有するが、**個々の労働者に対し協定上定められた時間外・休日労働を義務付ける効力は有しない**。個々の労働者の時間外・休日労働義務を生じさせるためには、労働契約上当該義務が認められなければならない。従って、本記述は誤っている。

- エ 正しい。週休日をどの日に位置づけるかについて、労働基準法は特に義務付けをしておらず、従って、休日は日曜日である必要はなく、国民の祝祭日を休日とすることも、法は格別要請していない。従って、本記述は正しい。

|解答| ウ

問題 76. 割増賃金と割増率に関する以下のアからエまでの記述のうち、最も適切なものを1つ選びなさい。

ア．使用者は、労働者に対して、深夜に労働させた場合は3割5分以上の率の割増賃金を支払わなければならない。

イ．割増賃金の基礎となる賃金には、家族手当、通勤手当その他厚生労働省令で定める賃金を算入しなければならない。

ウ．使用者は、労働者に対して、法定休日に労働させた場合は2割5分以上の率の割増賃金を支払わなければならない。

エ．1か月の合計が60時間を超えた時間外労働が行われた場合、その60時間を超える時間外労働については5割以上の割増率となる。

| 解説 | 割増賃金と割増率 |

ア　誤り。使用者は、労働者に対して、深夜に労働させた場合は**2割5分以上**の率の割増賃金を支払わなければならない（労働基準法37条4項）。従って、本記述は誤っている。

イ　誤り。割増賃金の基礎となる賃金には、家族手当、通勤手当その他厚生労働省令で定める賃金は**算入しない**(労働基準法37条5項)。従って、本記述は誤っている。

ウ　誤り。使用者は、労働者に対して、法定休日に労働させた場合は**3割5分以上**の率の割増賃金を支払わなければならない（労働基準法37条1項、労働基準法37条1項の時間外及び休日の割増賃金に係る率の最低限度を定める政令）。従って、本記述は誤っている。

エ　正しい。延長して労働させた時間が1か月について60時間を超えた場合においては、その超えた時間の労働については、通常の労働時間の賃金の計算額の5割以上の率で計算した割増賃金を支払わなければならない。(労働基準法37条1項ただし書)。従って、本記述は正しい。

| 解答 | エ |

問題 77. 労働安全衛生法における安全衛生管理体制に関する以下のアからエまでの記述のうち、最も適切ではないものを1つ選びなさい。

ア．常時 1,000 人の労働者を使用している事業場においては、事業者はその事業の実施を統括管理する者を総括安全衛生管理者に選任し、安全衛生に関する業務を統括管理させなければならない。

イ．常時 50 人の労働者を使用している製造業の事業場においては、事業者は安全管理者を選任し、安全に係る技術的事項を管理させなければならない。

ウ．常時 50 人の労働者を使用している事業場においては、事業者は衛生管理者を選任し、衛生に係る技術的事項を管理させなければならない。

エ．常時 300 人の労働者を使用している事業場においては、事業者は省令の定める要件を備えた医師のうちから専属の産業医を選任し、その者に労働者の健康管理等を行わせなければならない。

|解説| 安全衛生管理体制

ア 正しい。業種の如何を問わず常時 1,000 人以上の労働者を使用している事業場においては、事業者はその事業の実施を統括管理する者を総括安全衛生管理者に選任し、安全衛生に関する業務を統括管理させなければならない（労働安全衛生法 10 条 1 項柱書、同法施行令 2 条 3 号）。従って、本記述は正しい。

イ 正しい。常時 50 人以上の労働者を使用している製造業の事業場においては、事業者は安全管理者を選任し、安全に係る技術的事項を管理させなければならない（労働安全衛生法 11 条 1 項、同法施行令 3 条）。従って、本記述は正しい。

ウ 正しい。業種の如何を問わず常時 50 人以上の労働者を使用している事業場においては、事業者は衛生管理者を選任し、衛生に係る技術的事項を管理させなければならない（労働安全衛生法 12 条 1 項、同法施行令 4 条）。従って、本記述は正しい。

エ 誤 り。常時 **50 人以上**の労働者を使用している事業場においては、事業者は省令の定める要件を備えた医師のうちから産業医を選任し、その者に労働者の健康管理その他の厚生労働省令で定める事項（「労働者の健康管理等」）を行わせなければならない（労働安全衛生法 13 条 1 項、同法施行令 5 条）。さらに、常時 1,000 人以上（一定の危険有害業務を行う事業場は常時 500 人以上）の労働者を使用する事業場については、専属の産業医を選任しなければならない（労働安全衛生規則 13 条 1 項 3 号）。すなわち、常時 100 人以上の労働者を使用している事業場においては、専属の産業医を選任する必要はない。従って、本記述は誤っている。

|解答| エ

問題 78. 健康診断に関する以下のアからエまでの記述のうち、最も適切ではないものを1つ選びなさい。

ア．労働者の健康管理について、事業者は、労働者に対する定期的な一般健康診断、また、一定の有害業務に従事する労働者に対しては、医師ないし歯科医師による特殊健康診断を実施しなければならない。

イ．事業者は、健康診断の結果、特に健康の保持に努める必要があると認める労働者に対し、医師又は保健師による保健指導を行うように努めなければならない。

ウ．健康診断の実施の事務に従事した者は、その実施に関して知り得た労働者の秘密を漏らしてはならない。

エ．事業者には健康診断の実施義務、労働者には健康診断を受診する義務があり、これに違反した場合は、事業者、労働者共に罰則が適用される。

|解説| 健康診断

ア　正しい。労働者の健康管理については、事業者は、労働者に対する定期的な一般健康診断（労働安全衛生法66条1項）、また、一定の有害業務に従事する労働者に対しては、医師による特殊健康診断（同法66条2項）ないし歯科医師による特殊健康診断（同法66条3項）を実施しなければならない。従って、本記述は正しい。

イ　正しい。事業者は、健康診断の結果、特に健康の保持に努める必要があると認める労働者に対し、医師又は保健師による保健指導を行うように努めなければならない（労働安全衛生法66条の7第1項）。従って、本記述は正しい。

ウ　正しい。健康診断の実施の事務に従事した者は、その実施に関して知り得た労働者の秘密を漏らしてはならない（労働安全衛生法104条）。従って、本記述は正しい。

エ　誤り。事業者は、常時使用する労働者（特定業務従事者は除く）に対し、1年以内ごとに1回、定期に一般項目について医師による健康診断（ストレスチェックを除く）を行わなければならない（労働安全衛生法66条1項、労働安全衛生規則44条1項）。これに違反した場合、50万円以下の罰金に処せられる（労働安全衛生法120条）。また、健康診断を確実に実施し、労働者の健康管理をより万全に行うため、労働安全衛生法は**労働者に対して健康診断の受診義務を課しているが、罰則はない**（労働安全衛生法66条5項）。従って、本記述は誤っている。

|解答|　エ

問題 79. ストレスチェックに関する以下のアからエまでの記述のうち、最も適切ではないものを1つ選びなさい。

ア．ストレスチェック制度は、労働者のストレスの程度を把握し、労働者自身のストレスへの気付きを促すとともに、職場改善につなげ、働きやすい職場づくりを進めることによって、労働者がメンタルヘルス不調となることを未然に防止することを主な目的としたものである。

イ．検査を受ける労働者について解雇、昇進又は異動に関して直接の権限を持つ監督的地位にある者は、ストレスチェックの実施の事務に従事してはならない。

ウ．ストレスチェック実施義務がある事業者は、常時使用する労働者に対し、1年以内ごとに1回、定期に、ストレスチェックを行わなければならない。

エ．ストレスチェックの対象となる労働者の要件の1つとして、その者の1週間の労働時間数が当該事業場において同種の業務に従事する通常の労働者の1週間の所定労働時間数の2分の1以上であることが挙げられる。

| 解説 ストレスチェック |

ア　正しい。ストレスチェック制度は、労働者のストレスの程度を把握し、労働者自身のストレスへの気付きを促すとともに、職場改善につなげ、働きやすい職場づくりを進めることによって、労働者がメンタルヘルス不調となることを未然に防止することを主な目的としたものである。従って、本記述は正しい。

イ　正しい。検査を受ける労働者について解雇、昇進又は異動に関して直接の権限を持つ監督的地位にある者は、ストレスチェックの実施の事務に従事してはならない（労働安全衛生規則52条の10第2項）。従って、本記述は正しい。

ウ　正しい。ストレスチェック実施義務がある事業者は、常時使用する労働者に対し、1年以内ごとに1回、定期に、ストレスチェックを行わなければならない（労働安全衛生規則52条の9）。従って、本記述は正しい。

エ　誤り。ストレスチェックの対象者となる「常時使用する労働者」とは、次のいずれの要件をも満たす者である（一般定期健康診断の対象者と同様）。
　①期間の定めのない労働契約により使用される者（期間の定めのある労働契約により使用される者であって、当該契約の契約期間が1年以上である者並びに契約更新により1年以上使用されることが予定されている者及び1年以上引き続き使用されている者を含む。）であること。
　②その者の1週間の労働時間数が当該事業場において同種の業務に従事する通常の労働者の1週間の所定労働時間数の**4分の3以上**であること（H27.5.1基発0501第3号）。従って、本記述は誤っている。

| 解答　エ |

問題 80. 労働協約に関する以下のアからエまでの記述のうち、最も**適切ではないもの**を１つ選びなさい。

ア．労働組合と使用者又はその団体との間の労働条件その他に関する労働協約は、原則として、書面に作成し、両当事者が署名し、又は記名押印することで効力を生ずるが、口頭によるものでも効力を生じ得る。

イ．有効期間の定めのない労働協約または期間経過の後自動延長されている労働協約については、当事者の一方が、署名し、又は記名押印した文書によって90日前までに相手方に予告して、解約することができる。

ウ．労働協約には、３年を超える有効期間の定めをすることができないが、誤って３年を超える有効期間の定めをした労働協約は、３年の有効期間の定めをしたものとみなされる。

エ．労働組合に加入している組合員が対象である場合、その適用される労働協約に定める労働条件その他の労働者の待遇に関する基準に違反する労働契約の部分は、無効となり、この場合において無効となった部分は、労働協約の定めるところによる。

解説　労働協約

ア　誤　り。労働組合と使用者又はその団体との間の労働条件その他に関する労働協約は、書面に作成し、両当事者が**署名し、又は記名押印することによってその効力を生ずる**（労働組合法14条）。従って、本記述は誤っている。

イ　正しい。有効期間の定めのない労働協約または期間経過の後自動延長されている労働協約については、当事者の一方が、90日前までに予告をすれば解約をすることができる（労働組合法15条3項・4項）。従って、本記述は正しい。

ウ　正しい。労働協約は、3年を超える有効期間を定めることはできず（労働組合法15条1項）、3年を超える有効期間の定めをした労働協約は、3年の有効期間の定めをしたものとみなされる（同2項）。従って、本記述は正しい。

エ　正しい。労働組合に加入している組合員が対象である場合、その適用される労働協約に定める労働条件その他の労働者の待遇に関する基準に違反する労働契約の部分は、無効とする。この場合において無効となった部分は、労働協約の定めるところによる。労働契約に定がない部分についても、同様とする（労働組合法16条）。従って、本記述は正しい。

解答　ア

〔働き方検定〕働き方マスター試験 実戦問題集

2018年12月25日　初版第1刷発行
2019年 1 月17日　　　第2刷発行

編　者	一般財団法人 全日本情報学習振興協会
発行者	牧野 常夫
発行所	一般財団法人 全日本情報学習振興協会

〒101-0061　東京都千代田区神田三崎町3-7-12
　　　　　　清話会ビル5F
　　　　　　TEL：03-5276-6665

発売所	株式会社 アース・スター エンターテイメント

〒141-0021　東京都品川区上大崎3-1-1
　　　　　　目黒セントラルスクエア5F
　　　　　　TEL：03-5561-7630

印刷・製本	大日本法令印刷株式会社

※本書のコピー、スキャン、電子データ化の無断複製は、著作権法上での例外を除き、禁じられています。

※乱丁・落丁は、ご面倒ですが、一般財団法人 全日本情報学習振興協会までお送りください。弊財団にて送料を負担の上、お取り替えいたします。

※定価は、表紙に表示してあります。

ISBNコード　978-4-8030-1265-1　C2034
©2018　一般財団法人 全日本情報学習振興協会　Printed in Japan